推动能源生产和消费革命战略研究系列丛书

（第三辑）

中国工程院重大咨询项目成果文库

能源革命推动京津冀协同发展和雄安新区建设

谢克昌　马连湘　吕永康　著

科学出版社

北　京

内 容 简 介

本书是“推动能源生产和消费革命战略研究系列丛书（第三辑）”之京津冀卷。本书是在中国工程院“推进能源生产和消费革命（2035）——能源革命推动经济社会发展和生态环境保护战略研究”重大咨询项目所设“能源革命推动京津冀协同发展和雄安新区建设”课题研究成果的基础上编纂完成的。本书分三篇：能源革命解析及推动协同发展的相关案例分析；能源革命推动京津冀协同发展；能源革命推动雄安新区建设。

本书可为政府部门决策者提供参考，可供能源相关领域的行业管理人员、科研人员、大专院校师生阅读。

图书在版编目（CIP）数据

能源革命推动京津冀协同发展和雄安新区建设 / 谢克昌等著. —北京：科学出版社，2021.10

（推动能源生产和消费革命战略研究系列丛书. 第三辑）

中国工程院重大咨询项目成果文库

ISBN 978-7-03-069070-8

Ⅰ. ①能… Ⅱ. ①谢… Ⅲ. ①能源发展—研究—华北地区 Ⅳ. ①F426.2

中国版本图书馆 CIP 数据核字（2021）第 108946 号

责任编辑：郝 悦 / 责任校对：严 娜

责任印制：张 伟 / 封面设计：有道设计

科学出版社 出版

北京东黄城根北街 16 号

邮政编码：100717

http://www.sciencep.com

北京捷迅佳彩印刷有限公司 印刷

科学出版社发行 各地新华书店经销

*

2021 年 10 月第 一 版 开本：720×1000 B5

2021 年 10 月第一次印刷 印张：11

字数：220 000

定价：118.00 元

（如有印装质量问题，我社负责调换）

推动能源生产和消费革命战略研究系列丛书

（第三辑）

编委会成员名单

项目顾问

周　济　中国工程院，主席团名誉主席、院士

李晓红　中国工程院，院长、院士

项目负责人

谢克昌　中国工程院，原副院长、院士

彭苏萍　中国矿业大学（北京），中国工程院院士

课题负责人

第一课题　能源革命推动区域经济社会与生态环境协调发展　倪维斗

第二课题　能源革命推动京津冀协同发展和雄安新区建设　谢克昌

第三课题　能源革命推动长三角创新发展　翁史烈、黄　震

第四课题　能源革命推动珠三角开放发展　陈　勇

第五课题　能源革命推动老工业基地转型发展　黄其励、谢克昌

第六课题　能源革命推动中部地区崛起　何继善

第七课题　能源革命推动能源富集地区绿色发展　刘中民

第八课题　能源革命推动西南地区共享发展　马洪琪

第九课题　能源革命推动能源安全保障　黄维和、韩景宽

第十课题　综合组　谢克昌

推动能源生产和消费革命战略研究系列丛书（第三辑）

丛　书　序

能源是人类社会发展的重要支柱，是国民经济发展的重要基础。致力于促进中国工程科学技术事业和经济社会可持续发展的中国工程院，自1994年建院以来就将能源问题纳入战略咨询的重要范畴。能源革命战略研究已做成了系列，做成了中国工程院的品牌。

党的十八大首次提出“推动能源生产和消费革命”①。习近平于2014年提出“四个革命、一个合作”能源安全新战略以来，推动能源革命已经成为中长期我国能源发展的基本遵循②。中国工程院于2013年5月启动了“推动能源生产和消费革命战略研究”重大咨询项目，创新性地提出了能源革命三阶段论述；又于2015年10月启动了以农村能源、西部能源和“一带一路”能源合作为重点的能源革命二期重大咨询项目，提出农村地区和西部地区推进能源革命“三步走”战略。

区域经济社会发展和生态环境保护离不开能源的支撑保障。党中央提出的“四个革命、一个合作”能源安全新战略，以及以京津冀协同发展等为代表的国家区域发展战略的深入贯彻实施，为新时期能源发展提供了基本遵循和方向指引。鉴于此，中国工程院于2018年3月启动了“推进能源生产和消费革命（2035）——能源革命推动经济社会发展和生态环境保护战略研究”重大咨询项目。项目以主动视角审视当前国家能源发展情况，立足“变被动为主动”的研究观点，深入研究能源革命对经济社会发展和生态环境保护的推动作用，全面分析能源与经济社会、生态环境的相互关系，旨在新形势下结合区域发展战略的顶层指引和能源资源禀赋的实际，因地制宜推进区域能源革命，推动区域经济社会发展和生态环境保护。

历时两年的研究，项目取得了一系列研究成果。围绕能源革命推动京津冀协

---

① 胡锦涛在中国共产党第十八次全国代表大会上的报告，http://cpc.people.com.cn/n/2012/1118/c64094-19612151.html[2012-11-18]。

② 习近平：积极推动我国能源生产和消费革命，http://www.xinhuanet.com/politics/2014-06/13/c_1111139161.htm[2014-06-13]。

同发展和雄安新区建设、长三角创新发展、珠三角开放发展、老工业基地转型发展、中部地区崛起、能源富集地区绿色发展、西南地区共享发展、能源安全保障等研究内容，通过典型的区域案例和技术案例的调研与分析，在系统总结和深入研究能源革命对经济社会发展和生态环境保护的推动作用及能源安全专题分析研究的基础上，提出因地制宜推进能源革命的指导思想、战略思路、战略目标，阐述了 2035 年、2050 年能源革命在推动经济社会发展和改善生态环境方面的重要作用和推进区域能源革命的七大战略举措：第一，推进京津冀能源与经济、环境的协同发展，力争生态环保实现率先突破；第二，依托长三角一体化发展优势，建立集成优化、区域联动、智能调控的能源系统，推动区域创新发展；第三，依托“一带一路”和粤港澳大湾区建设，将珠三角地区打造成国家油气储备基地和可再生能源基地，成为国家能源安全保障体系的重要一环；第四，以能源高值化、多元化、低碳化推进经济转型，激发老工业基地振兴新动能；第五，充分发挥枢纽区位优势，依托西气东输、西电东送、北煤南运，将中部地区重点打造成为保障中东部地区能源供应的综合枢纽站；第六，依托新一轮西部大开发战略，将能源富集地区打造成绿色可持续的国家能源安全保障基地；第七，推进清洁能源开发与消纳，促进乡村振兴，共享西南地区能源发展成果。并从政策制定、组织机构、财税金融、人才队伍建设等方面提出相关措施，保障相关战略举措的落地生根。

通过研究，项目形成了《推进能源生产和消费革命（2035）——能源革命推动经济社会发展和生态环境保护战略研究》总报告 1 份和 9 份课题报告及其摘要报告，其报告由科学出版社出版发行。同时，项目相关研究成果也及时做了总结，向党中央、国务院及有关部门上报了《关于能源革命与区域发展协调推进的建议》等 5 份院士建议，递交《关于建设榆林国家级能源革命创新示范区的提案》等 3 份全国政协提案。项目研究成果对于我国推进能源革命具有重要借鉴意义。

在项目的研究中，参加人员坚持咨询工作的“战略性、科学性、时效性、可行性、独立性”，注重战略研究的“方法创新、调研充分、研讨深入、组织严谨”，取得了重要成果，不仅数据翔实、目标明确，而且技术路线和政策措施具体。

项目的研究成果是项目组全体院士、专家集体智慧的结晶，作为项目负责人，我衷心感谢项目顾问李晓红、周济等院士的精心指导和所有参与研究及提供支持的院士、专家的辛勤工作，期望本丛书能够进一步为政府部门的科学决策提供科学支撑，为相关领域专家学者的进一步研究提供有益借鉴。

在新的历史阶段，能源革命正面临着新的挑战与机遇。作为全球最大的能源消费国和生产国，中国同时也在积极推进全球能源绿色转型发展。目前正在组织开展能源革命系列第四期即“能源战略（2035）”研究，阶段成果已提交院士建议 3 份，将继续为推动新时代能源事业高质量发展、践行“四个革命、一个合作”能源安全新战略献计献策。

谢克昌

2021 年 5 月 20 日

目　　录

第一篇　能源革命解析及推动协同发展的相关案例分析

第二篇　能源革命推动京津冀协同发展

第一篇

能源革命解析及推动协同发展的相关案例分析

第1章　全球能源革命的解读与经验借鉴

1.1　能源革命的起源

1.1.1　能源革命的含义

“能源转型”一词最早来源于德国，德语为“energiewende”，对应的英文为“energy transition”，中文词汇有“能源转型”“能源变革”“能源革命”等，本质上指的是同一概念。20世纪80年代初，为应对石油危机及反对核电，德国应用生态学研究所提出了能源转型这个概念，即在转向可再生能源和提高能源效率的条件下，可以用更少的能源消耗实现经济增长。在《能源转型：没有石油与铀的增长与繁荣》中初步形成了能源转型概念的雏形。

国外关于能源转型的定义的研究往往是从技术入手探讨能源技术的变化。加拿大学者瓦茨拉夫·斯米尔将能源转型定义为：从一种具体的能源形态转变为另一种能源形态的过程。布鲁斯·波多尼克将能源转型定义为：通过新的技术发明或新能源种类的发现，使一种新的一次能源大量运用于人类消费的过程。

国内学者还考虑了能源系统或者能源管理体制改革问题。朱彤和王蕾（2016）将能源转型定义为能量原动机推动的、伴随着能源体系深刻变革的一次能源长期结构变化过程。史丹（2016）把能源转型定义为能源生产和消费结构发生根本性的改变，并对一国社会经济发展乃至全球地缘政治格局产生深刻影响。

2016年12月，国家发展和改革委员会和国家能源局发布的《能源生产和消费革命战略（2016—2030）》从能源消费革命、供给革命、技术革命、体制革命、国际合作等五个方面勾画了我国能源革命战略的内容。

从以上介绍可以看出，能源革命或称能源转型，狭义上是指能源技术革命（或升级），广义上包括了整个能源开发和利用系统的技术革命，也包括了能源管理体制的变革与转型，即能源系统转型（energy system transition），或称能源体系升级（energy system upgrade）。

1.1.2 能源革命的历史轨迹

1. 第一次能源革命

第一次能源革命大约在40万年前，以人工火代替自然火的利用为标志，发现火并利用火是人类文明的开端。人类社会进入了以薪柴为主要能源的时代。木材、秸秆等薪柴能源成为人类社会生产和生活的主要能源，人类进入植物能源时代。植物能源时代主要是利用地表上的生物质能，促进了农业的发展，推动了农业文明。但由于植物能源密度较低、运输不便，植物能源主要用于人类取暖、照明和炊事等活动。生产过程中的动力主要是使用人力和畜力，对生产效率的改进作用有限，植物能源时代经济长期处于极慢增长的状态。

2. 第二次能源革命

第二次能源革命开始于18世纪的英国，以蒸汽机的发明和煤炭的大规模使用为主要标志，人类社会开始进入蒸汽时代。

18世纪后期，英国率先开始了工业化进程，能源需求大幅增加。以木材为主的生物质能已不能满足英国大工业生产的需求。与此同时，蒸汽机在煤炭开采中的运用，也极大地提高了煤炭生产效率，促进煤炭工业的发展，为满足快速增长的能源需求提供了保障。煤炭取代木材成为主导能源。1850年，煤炭在英国能源消费中的比重达到92%。与木材相比，煤炭能源密度高，便于运输，生产不受季节限制。以煤炭取代木材，使能源行业从农业中分离出来，改变了农业作为能源提供者的角色，节约下来的土地用于生产粮食，增加了农业供养人口，并使更多的劳动力从农业转移到工商业活动中，加快了纺织、钢铁等行业的发展，英国的产业结构、人口结构随之发生了一系列的革命性变化。

3. 第三次能源革命

第三次能源革命开始于19世纪下半期，以电的发明和使用为标志，人类进入了电气时代，从单一的以煤为能源的蒸汽动力，转向以煤、石油为能源的蒸汽力和内燃力，并逐渐过渡到以电力、内燃力取代蒸汽力。

19世纪中期至20世纪初，以发电机、内燃机、电动机的发明与运用为标志的第二次工业革命爆发。内燃机使用液态能源，能源效率更高。发电机的发明使得人类所需的能源形式——光、热和机械动能都转换成电能，并可以通过电网远距离传送。第二次工业革命产生两个结果：第一，内燃机、发动机不像蒸汽机那样直接燃烧煤炭，而是使用由原油炼制的成品油，由此促进了能源加工业的发展，即石油炼制行业和发电业的发展，能源生产由第一产业（煤炭采掘与石油开采）

延伸到第二产业。第二，生产和生活中更多地使用“加工过”的能源，形成了能源原料和能源产品之分，即一次能源和二次能源之分。

4. 第四次能源革命

第四次能源革命发端于 21 世纪初，它是以新能源和信息技术融合为标志，开启了高效化、清洁化、低碳化、智能化为主要特征的能源时代。其目标是消除化石能源消费所引发的环境问题，塑造一个经济、可持续的能源供应新格局。《第三次工业革命》的作者认为第四次能源革命，亦被称为互联网技术与能效和分布式能源技术的发展与应用，它是指利用互联网技术把分散在五大洲的能效技术、分布式能源技术、储能技术等有机结合起来；解决化石能源形成的环境污染和气候变化问题；构筑清洁和低碳能源的新世界。

第一次和第二次石油危机之后，工业发达国家掀起了能效革命，能源效率极大地改善，能源消费增速减缓。与此同时，生态环境的恶化，使人类逐步接受可持续发展的概念，也逐渐意识到减少化石能源消费对改善生态环境、减排温室气体的重要性。以 1987 年联合国世界环境与发展委员会《我们共同的未来》的调查报告为标志，能源与气候变化问题成为国际谈判和国际合作中的重要议题。许多构架开始酝酿利用可再生能源。随着信息技术发展和互联网的普及，能源与互联网技术相结合，推动了能源网络的智能化。

当代正在进行的第四次能源革命，重在寻求人与自然、人与社会和谐永续发展的途径，其意义与作用远远超出前三次能源革命。第四次能源革命的意义不仅关系到经济的可持续发展，而且关系到人类的可持续发展。国际合作是第四次能源革命的重要任务。此外，第四次能源革命所要解决的资源问题、气候变化问题和安全问题均是全球性问题，仅依靠少数国家不能取得明显效果，需要在全球范围内形成国际合作机制，促进世界各国共同行动。能源的清洁、低碳发展，是第四次能源革命的重要组成部分，也是区别前两次能源革命的主要特征。

历次能源革命的特征和影响见表 1-1。

表 1-1　历次能源革命的比较

项目	第一次能源革命（第一次工业革命前）	第二次能源革命之蒸汽时代（18 世纪至 19 世纪中期）	第三次能源革命之电气时代（19 世纪下半期至 2001 年）	第四次能源革命之可再生、低碳能源时代（2002 年至今）
主要标志事件	人工火代替自然火的利用	蒸汽机发明和煤炭的大规模使用	电的发明和使用	水力压裂技术和水平钻井技术的成功
驱动力	生存需求	需求驱动	能源供给危机驱动	全球环境和气候问题治理及相应低碳技术创新与扩散驱动

续表

项目	第一次能源革命（第一次工业革命前）	第二次能源革命之蒸汽时代（18 世纪至 19 世纪中期）	第三次能源革命之电气时代（19 世纪下半期至 2001 年）	第四次能源革命之可再生、低碳能源时代（2002 年至今）
主导能源	薪柴	煤炭、热力	石油、电力 电力消费相对灵活	以天然气、风能、太阳能、氢能为主要能源的可再生和清洁能源
储运方式	即时消费	即时消费	可储存，即停即起	储存多样化
能源消费革命的影响	进入农耕文明，摆脱了食不果腹、衣不蔽体的茹毛饮血时代	进入工业文明。个体生产转向社会化生产，第一个发展黄金时代	工业文明进入新的高度。生产规模进一步扩大，贸易全球化。能源消费总量集聚增加。第二个发展黄金时代	能源及其环境外部性对于产业的影响程度将会提升，并逐渐成为影响企业和产业竞争力的重要因素

资料来源：根据相关文献整理

关于人类历史上能源革命的次数尚无权威定论。有的学者认为人类社会已经经历了三次能源革命，第四次能源革命刚刚兴起。而有些学者认为人类社会经历的能源革命与工业革命同步，只有两次，目前正在经历第三次工业革命和第三次能源革命，而不应包括人类开始使用火，以薪柴为主要能源的时代。本书认同前一种观点，认为从人类社会发展的角度而言，应该将火的应用作为第一次能源革命。

1.1.3 能源革命的作用

历史上工业革命与能源革命几乎是同时发生的。能源革命促进了工业革命，促进了社会生产力的极大提高，也促进人类文明的进步。总的来看，能源的历次重大变革所产生的作用具有以下几个特征。

1. 能源革命带动新的产业革命

以蒸汽机的发明和煤炭的大规模应用为特征的第二次能源革命解决了社会发展的动力瓶颈，促进了纺织工业、钢铁行业、冶金矿产等重工业的发展和城市规模的快速扩张。与此同时，以蒸汽机的发明和应用为主要标志，机器开始大规模替代人力、畜力、水力等自然力的第一次工业革命把人类社会带入了社会化大生产阶段。

以电的发明和使用为特征的第三次能源革命，为飞机、汽车及化工产业的发展提供了高效燃料和原料，促进了相关产业的发展，同时也使石油和天然气成为主要能源。与此同时，以电力的广泛应用和一系列电气发明为标志的第二次工业革命，逐渐以电气化取代了机械化。

从发展趋势看，新一轮能源革命（第四次能源革命）和新一轮工业革命（第三次工业革命）已初露端倪。新一轮的能源革命以新能源与信息技术的融合为主要标志，将把人类社会推进到以高效化、清洁化、低碳化、智能化为主要特征的能源时代。与此相对应，新一轮的工业革命将以互联网技术、新能源技术、智能化制造技术等的广泛应用为标志，对人类社会的发展产生更广泛和深刻的影响。

2. 能源革命促进经济效率提升

能源使用效率是指单位能源投入所取得的产出。在农耕时代，经济发展非常缓慢，薪柴能源的使用效率处于较低水平。而化石能源时代，是工业革命爆发的时代，也是社会劳动生产率极大提高的时代。从工业化国家的发展过程来看，能源利用效率随着“薪柴—煤炭—石油”的替代演变过程逐步提高。

资料显示，19 世纪初期的化石能源时代以来，能源消费与经济基本保持同步增长的态势。第二次能源革命时期，发达国家经济增长与能源消费增长之比（即能源消费弹性系数）大致保持 1∶1。1950 年以后，石油成为主导能源，平均而言，能源消费弹性系数为 1∶0.6～1∶0.7，这意味着从煤炭到石油，能源使用效率平均提升了 30%～40%。推进电力对煤炭的替代，提高电煤在煤炭消费中的比重，也是目前各国提高能源利用效率的优选方法，而且还能够集中控制和治理污染。与化石能源相比，风电、光电的物理转换效率较低，主要是由于化石能源的能量是多年累积形成的，可在短期内集中使用。从广泛上讲，新能源的利用意味着人类可以对世界上存在的低密度的能源形式加以利用，这本身也是一种使用效率的提高。

3. 能源革命实现社会可持续发展

与柴薪相比，煤炭的能量高，便于运输。与煤炭相比，石油、天然气热值更高，而且可以通过管道运输，更加方便，而电力则更加清洁、便利。可再生能源发电则是使整个生产过程实现了清洁化。尤其是可再生能源发电可实现分布式利用，不依赖大规模能源基础设施投资，因此，三次能源革命是朝着更加清洁、更加便利的方向发展。

第三次工业革命正在悄然发生。这场由信息、通信技术，新材料技术，互联网技术等通用技术的突破和大规模应用所驱动的第三次工业革命将促进制造技术向一体化、智能化、微型化、全周期化和人机关系更加友好的方向快速发展，并最终促使整个工业生产方式呈现出高度柔性化、可重构化和社会化的特征。能源消费方式将面临重大变革：信息技术、互联网技术不断突破，智能化电网、分布式电源得到较快发展，越来越多的家庭成为能源消费者和生产者，由单向接受、模式单一的用电方式，向互动、灵活的智能化用电方式转变。人类社会将会进入以高效化、清洁化、低碳化、智能化为主要特征的能源时代。

1.2 能源革命的国内外经验

1.2.1 英国经验

1. 逐步停止煤炭生产

英国煤炭资源丰富，开采历史悠久，兴盛时期曾雇用超过100万名工人在3000个井下工作。1913年，英国煤炭生产达到顶峰，年产量高达2.87亿吨，煤产量的1/3供出口。第二次世界大战（简称二战）后工党政府上台，英国对煤炭工业实行了国有化。

在煤炭工业国有化的前十年（1947～1956年），西欧国家处于经济恢复时期，对能源需求大，英国煤炭工业曾再度处于黄金时期。煤炭的黄金十年，也是伦敦污染最严重的十年，1952年的伦敦烟雾事件就发生在这一时期。

在煤炭的黄金十年中，英国煤炭年消耗量从1.86亿吨上升到2.18亿吨，政府对燃煤未加限制，同时迫于工会压力，政府也未能对二氧化硫排放等环境问题及时做出正面回应。这种情况一直持续了40年。这一时期，英国的碳排放量巨大。仅1987年，英国发电站就释放了2.02亿吨二氧化碳，是整个国家排放量的36%。其中，大约32%的排放量来自中央电力发电站，工业部门的排放量占25%，运输业占17%，家庭占15%。当年，英国二氧化碳的排放量占全球总量的3%，电力供应工业的二氧化碳排放量大约占全球总量的1%。这引起欧洲共同体在内的国际力量的特别关注。

1988年，加拿大多伦多会议开始关注气候变化问题。会议主要议题有：关注由人类活动所致的污染，无效和过度浪费的化石燃料使用，许多地区人口快速增长导致的全球气候变暖和海平面上升问题，二氧化碳的排放量和其他温室效应气体在大气层的密度问题，以及臭氧层损耗与紫外线辐射等问题。同时，会议提出要在全球削减50%的二氧化碳排放量，使大气层达到稳定状态，还要求到2005年首先减少20%的排放量。

这次会议推动了英国政府正式考虑解决由燃煤引发的环境污染问题。英国政府的燃煤战略发生了较大转变。英国政府从起初的不合作，转变为在保护本国能源战略安全的基础上，对多伦多会议的内容持基本赞同态度。2015年底，英国煤炭公司宣布关闭了旗下最后一个深层煤矿，这意味着伴随第一次工业革命而生的英国煤炭工业将彻底消失。

2. 坚持能源结构调整

尽管英国本土的石油产量到达顶峰后就快速下降了，但其产量的快速增长时期，仍然很好地配合了英国政府和社会减煤减排能源转型的历史进程。与此同时，英国政府也加强了核能、风能、水能及其他能源的应用，在保障能源安全、提振经济的同时，减少碳排放量。到 2014 年，英国煤电的比例仅为 29%。在煤炭逐渐退出英国能源行业的进程中，石油、天然气和核电等替代能源的出现发挥了重要作用。

英国石油生产始于 20 世纪初，但在 1968 年以前，石油产量一直维持在 10 万吨/年。20 世纪 70 年代中期以后，随着北海油田的大规模开发，英国石油产量逐年增长。1976 年石油产量达 1241 万吨，1982 年突破 1 亿吨大关，1999 年最高峰达 1.37 亿吨。然而，英国本土的石油产量到达顶峰后就快速下降了，2004 年石油产量首次跌破 1 亿吨，2005 年石油产量为 8470 万吨，2015 年石油产量仅约为最高峰产量的 1/3。尽管如此，石油产量快速增长的时期，很好地配合了英国政府和社会减煤减排能源转型的历史进程。

英国政府同时对能源消费结构进行了调整，增加了石油、天然气的使用量，降低了煤炭的使用量。1991 年在北海海岸探测到了足够使用 15 年的大型天然气田后，英国进一步加大了天然气在电力发电中的比例。此外，英国政府还加大了能源消费中石油的消费量。1986 年英国石油消费量为 6620 万吨，1989 年上升到 6950 万吨，1990 年达到 7130 万吨。这与 2000～2010 年发生的美国革命类似，正是页岩气革命，使美国天然气发电比例迅速增加，煤炭发电比例降低，大大减少了二氧化碳的排放。

英国政府也加强了核能、风能、水能及其他能源的应用。20 世纪 80 年代末，英国两座较大的核电站——Heysham Ⅱ和 Torness 建成投入使用。1991 年英国的核电站提供的能量相当于 1520 万吨石油，相比 1981 年增加了将近一倍。此时，英国 14 座核电站提供了全国总电力的 21%。其中在 1991～1992 年，苏格兰 40%的电力供应由核电站承担。到 2014 年，英国煤电的比例仅为 29%，气电比例为 30.2%，可再生能源的比例为 19.2%，第一次超过核电 19%的比例。当年英国的碳排放量减少了 8%。

3. 转变政府治理理念

撒切尔夫人在担任英国首相期间，大力推行“去国有化”，关闭无利可图的国有企业，包括钢铁厂和煤矿，或将这些企业低价出售给个人。尽管这引发了激烈的罢工运动，但“去国有化”提高了英国竞争力，并在实际上促进了减少煤炭生产和消费的能源转型。

随后，以英国首相撒切尔夫人于 1988 年 9 月在英国皇家协会大会上发表的演讲为标志，英国政府正式认同了工业二氧化碳排放与温室效应之间存在联系。正是这一明确表态，为英国政府一系列减煤减排的立法和行动奠定了坚实基础。

1989～1990 年，英国相继出台了一系列控制污染的法案。《1989 年控制煤烟污染法案》取消了家庭排放污染性烟尘的合法性，进一步加大了对工商业建筑物释放黑烟行为的打击力度。《1989 年污染控制（补充）法案》严格控制交通运输工具对环境的污染。《1989 年天然气法案》《1990 年环境保护法案》严格控制特定工业和其他场所的废物对大气、土壤、河流、湖泊及海洋的污染。根据上述法案政策，英国政府积极采取措施，解决燃煤导致的温室效应和酸雨问题。

2003 年英国政府发布的能源白皮书《我们的能源未来：创建一个低碳经济》首次提出“低碳经济”的概念，并开始推动整个国家的低碳转型。2008 年英国政府颁布的《气候变化法案》、2009 年出台的《英国低碳转型计划》、2011 年发布的《碳计划》等法律和国家计划，不仅制定了明确的目标，而且把发展低碳经济上升为国家层面的全局性重大战略，而不仅仅是能源发展战略。

与《英国低碳转型计划》同时公布的还有《英国低碳工业战略》《可再生能源战略》《低碳交通战略》。《碳计划》则进一步阐明了如何在保证能源安全、最大限度降低消费者能源支出的前提下实现向低碳经济转型，如何实现到 2020 年比 1990 年减排 1/3 以上、到 2050 年减排 80%的目标，并明确了政府各部门和有关行业的减排责任。这一系列法案、战略、计划的出台和实施标志着英国基本形成了一个向低碳国家转型的总体战略布局，并使低碳发展成为政府各部门和全国上下的统一意志与共同行动。

4. 强化低碳法律保障

自 2003 年提出发展低碳经济以来，英国颁布实施了一系列推动及保障低碳发展的法律。其中最著名的是 2008 年颁布的《气候变化法案》。这部法律的出台使英国成为世界上第一个为减少温室气体排放、应对气候变化而专门立法的国家，既表明了英国政府致力于为全球减排承担责任的决心，又为提高碳管理水平、促进英国向低碳经济转型提供了法律保障。该法案设定了到 2050 年英国二氧化碳排放量比 1990 年减少 80%的具有法律约束力的目标，建立了碳预算制度，成立了气候变化委员会的法定独立机构，并对气候变化影响评估、碳交易、为应对气候变化提供支持等做出规定。该法案对英国乃至全球应对气候变化挑战、促进低碳发展已经并将继续产生深远影响。

除《气候变化法案》这部纲领性法律外，英国还颁布并实施了一系列其他法律应对能源、气候变化挑战和促进低碳经济发展。这些法律主要包括 2002 年的《可再生能源义务法案》，2004 年、2006 年、2008 年、2010 年、2011 年等有关年份颁布的《能源法案》，2006 年的《气候变化与可持续能源法案》，2008 年的《能源与计划法案》等。这些法律的基本导向在于促进碳减排，提高能源效率，发展清洁、低碳、可再生能源，保障能源安全和有效供给等方面，对推动低碳经济发展发挥了十分重要的作用。如 2002 年的《可再生能源义务法案》强制要求电力供应部门所供电力中必须有一部分来自特定的可再生能源技术。2004 年的《能源法案》主要对民用核能发展、可持续可再生能源开发利用、能源市场及其管理等做出法律规定。2006 年的《气候变化与可持续能源法案》主要从减少温室气体排放、应对气候变化、消除能源匮乏、确保长期持续多样的能源供应等方面做出法律规定，促进能源高效利用和低碳发展。《绿色能源法案》主要从传统化石能源替代性角度对发展绿色能源做出规定，促进国家向更加清洁、环保、低碳能源方向发展。2012 年 11 月英国政府公布的能源议案的主要内容是调整国内能源消费结构，发展低碳经济。该议案明确提出要大力发展可再生能源，对英国电力市场进行彻底改革，支持低碳式发展的基础设施建设，建立低碳制造业供应链，使现有的以化石燃料为主的能源结构转变为多元化的可再生能源结构；支持可再生能源，新的核能、燃气及碳捕集与封存技术的发展。该议案被认为是一次里程碑式的变革，也是以低碳经济为支点实现英国经济持续发展的重大举措。

5. 配套财政税收政策

财政补贴政策方面，在可再生能源开发与应用方面给予大量财政补贴。英国政府提供财政补贴给电力输送者，要求电力输送者必须使用海洋风能、太阳能、波浪能、潮汐能等可再生资源。英国政府在 2011 年开始实行“可再生能源供暖补贴”政策，为使用可再生能源供暖的居民提供补助，补助标准约为 1000 英镑/户，以补贴电价的形式促进可再生能源使用。可再生能源开发方面，英国政府实施“可再生能源计划”，在能源方面的政府研发资金开始转向开发多种新型清洁能源，英国政府通过资助和研发支持等形式，2002～2008 年每年向可再生能源行业提供 5 亿英镑；2008 年 6 月英国首相提议之后 12 年内分批次投入 2000 亿美元开发可再生能源。

低碳税收方面，主要征收气候变化税、燃油税、交通税、二氧化碳税、垃圾（填埋）税和垃圾桶税等，并推出配套的气候税减征措施。2001 年英国政府在全球范围内率先提出并征收气候变化税（climate change levy，CCL），以能源为课税对象，税率为从量计征，征收对象为使用能源的工业、商业和公共部门；燃油税征收对象是供交通使用的汽油、柴油、天然气等燃油和其他燃料；交通税以交通工具为征收对象，主要有车辆消费税、公司汽车税和燃油效益费、航空客运税等；二氧化碳税是英国政府为保证碳排放配额最低价格而引入的追加税，2013～2014 年为每吨二氧化碳 4.94 英镑，2014～2015 年提高至每吨 9.55 英镑；垃圾（填埋）税和垃圾桶税征收对象是居民生活垃圾。

政府低碳采购方面，英国政府注重采购过程、所采购产品以及使用过程的低碳性。1990 年英国政府要求各政府部门完成绿色采购、能源效率、废弃物管理等方面对环境的规划，主要由环境、运输及区域事务部（Department of Environment Transport and Regions，DETR）负责实施。英国政府在采购时要求供应商加强供应链管理，测量和报告碳减排量，以此发现政府采购供应链中最能降低能耗与碳排放的环节，确保政府购买更具可持续性、更高效的产品，并减小对其供应链的影响。英国各行业低碳解决方案见表 1-2。

表 1-2　英国各行业低碳解决方案总结

行业	领域	解决方案实例
建筑	照明解决方案	• 有机发光二极管（organic light emitting diode，OLED） • 发光二极管（light emitting diode，LED）灯具 • 照明设计
	建筑材料	• 可再生、回收利用的建筑材料
	能源管理	• 能源管理体系 • 智能电表解决方案和技术
	低碳建筑设计	• 低碳建筑设计公司 • 低碳建筑标准
	暖通空调	• 隔温材料 • 改造解决方案
交通运输	低碳运输技术	• 驱动系统 • 储能解决方案 • 混合动力和纯电动汽车系统 • 低碳商用车和公共汽车
	交通系统管理	• 交通系统规划咨询
清洁能源	风能	• 建设和部署 • 电网并入 • 风力和气象评估 • 海上驱动系统、电力系统、复合材料、海底电缆、锚定平台、振动和应力分析
	太阳能	• 创新融资机制 • 电网并入
	生物质和生物能源	• 将火力发电站转化为生物质与煤混燃或全生物质发电站 • 高混合生物燃料的生产 • 木质纤维转化为生物乙醇 • 第二代可持续细菌生物燃料 • 生化丁醇
	电网解决方案	• 智能电表 • 智能电网设计 • 先进的传输监控 • 先进的配电网组件 • 配电自动化 • 网络安全

续表

行业	领域	解决方案实例
废弃物管理	固体废弃物管理	• 厌氧发酵技术 • 热解 • 机械垃圾分类 • 垃圾焚烧系统 • 废弃物管理咨询
	废水管理	• 监控和测量 • 创新过滤技术 • 网络规划 • 工程设计 • 设备供应 • 厌氧发酵技术
节能与低碳服务	能源管理和核算服务	• 能源现场调查和审计 • 能效技术和生产流程优化的实施建议 • 能源和碳数据管理解决方案 • 碳核算/碳足迹 • 认证和标签
	可持续发展咨询	• 战略咨询服务
	创新融资解决方案	• 合同能源管理（energy performance contracting，EPC） • 分布式能源融资方案

1.2.2　德国经验

1. 德国能源转型的背景与目标

2012 年，德国一次能源消费总量约 4.39 亿吨标准煤，其中，煤炭占 25.3%，石油占 32.9%，天然气占 22.1%。同时，德国自身的油气资源较为缺乏，对进口能源的依赖程度很大。2012 年，德国原油净进口量占其国内原油供应的 97.7%，天然气占 86.0%。由于缺少对国际市场油气价格的话语权，德国燃油价格明显高于周边国家，应对石油危机的能力较弱，严峻的能源形势使德国从 20 世纪 90 年代开始就一直将摆脱对进口能源依赖作为其能源战略的重点任务。

1990 年 12 月，德国制定了《电力入网法》，从法律层面启动了可再生能源发电市场；2000 年，德国颁布《可再生能源法》，奠定了发展可再生能源的法律基础；2010 年 9 月，德国联邦经济和技术部在《能源方案》报告中，阐述了德国中长期能源发展思路，明确了到 2050 年实现能源转型的发展目标；2011 年福岛核泄漏事故发生后，德国政府做出了永久放弃核电的决定，并正式提出将能源转型作为其能源政策的主导方针。

2010 年《能源方案》中，德国政府提出了能源转型将围绕“经济合理、供应安全、环境友好”三大核心原则进行，通过重点发展可再生能源、提高能效等综合措施，到2050年前实现以可再生能源为主的能源供应体系，完成从传统化石能源时代向可再生能源时代的整体迈进。德国能源转型目标如表1-3所示。

表 1-3　德国能源转型的状况及主要目标（2014 年）

项目		2014 年	2020 年	2030 年	2040 年	2050 年
温室气体排放	温室气体排放（与 1990 年相比）	–27%	至少–40%	至少–55%	至少–70%	至少–80%到–95%
可再生能源	在终端能源消费中的占比	13.5%	18%	30%	45%	60%
	在电力消费中的占比	27.4%	至少 35%	至少 50%	至少 65%	至少 80%
	在热力消费中的占比	12.0%	14%			
	在交通领域的占比	5.6%				
能效与能耗	一次能源消费（与 2008 年相比）	–8.7%	–20%			–50%
	终端能源的生产率（2008～2050 年）	每年 1.6%（2008～2014 年）	每年 2.1%（2008～2050 年）			
	电力消费（与 2008 年相比）	–4.6%	–10%			–25%
	建筑的一次能源需求（与 2008 年相比）	–14.8%				–80%
	建筑的用热需求（与 2008 年相比）	–12.4%	–20%			
	交通的终端能源消费（与 2005 年相比）	1.7%	–10%			–40%

资料来源：德国联邦经济和能源部

2. 2010 年《能源方案》中的主要措施

1）可再生能源

2011年8月4日颁布的《可再生能源法2012修订案》更加重视提高可再生能源的市场竞争力和并网率。对补贴较高的光伏设备实行根据一定时期内新建设备装机总量浮动的上网电价。而生物质能发电设备的补贴将适当削减，避免过度补贴。此外，通过设立专项贷款和完善项目审批流程优先发展海上风电。而陆上风电的发展重点则放在对现有设备的淘汰和更新上。同时，积极利用生物质能的可储存性、灵活性和稳定性，以平衡风能、太阳能等能源的不稳定性，并提高其作为供热、供电和机动车燃料的使用率。

2）能效

德国政府将立法要求公共项目招标中把能源效率作为重要指标。而在居民用能方面，提高能源价格、增加节能意识和加强节能咨询工作将成为节约能源的主要手段。另外，德国还将综合欧洲各国经验，启动“白色证书”试点项目，以检验能否通过结合“白色证书”交易和碳排放交易更加经济地完成节能减排的目标。在工业领域，德国政府并不倾向于采用强制措施，而是准备通过完善能源管理体系，为节能先进企业减税等方法刺激企业为提高经济效益而主动采取节能措施。此外，德国政府还将成立能效专项基金，帮助社区、企业和个人投资具有长期效应的节能和环保项目。

3）化石能源

在能源转型过程中，煤炭和天然气等化石能源将主要作为平衡和后备能源加以开发利用。德国联邦环境、自然保护和核安全部与德国联邦经济和技术部联合起草的法案将成为未来新建碳捕集与封存设备的法律依据。同时，德国政府将加大力度资助和鼓励小的运营商投资安装高效碳捕集与封存设备的化石能源发电站，而对国内煤炭开采的补贴将被取消。

4）电网建设和可再生能源的接入

德国政府于 2011 年 7 月通过了《加速电网扩建法》，为合法、透明、高效和不破坏环境地扩建高压电线提供法律依据。2011 年 8 月 4 日起生效的《能源经济法 2011 修正案》规定了必须安装智能电表的新设备种类和用电家庭。《可再生能源法 2012 修订案》规定，自 2012 年起可再生能源设备运营商除可选择固定上网电价外，也可选择直接参与电力交易。

5）建筑节能

针对建筑能耗的《能源节约条例》和《可再生能源供热法》将在符合经济性的前提下做进一步修订。除了法律条文的约束，德国政府希望在建筑领域更多地通过经济手段激励节能减排的投入。其中包括为提前完成节能目标的建筑物所有人提供翻修资助，为可再生能源供热项目设立专项基金，为建筑节能投资项目提供专项贷款以及扩大能源合同制度的适用范围。

6）交通领域

德国政府计划在 2011 年颁布《电动汽车标识条例》，为电动汽车的发展创造更为便利的市场条件。同时，为提高现有汽油、柴油中混入生物燃油的比例，德国政府将要求汽车和燃料制造企业在技术上予以支持。另外，德国政府也将通过调整费税制度加速减少化石燃料在道路、航空和铁路运输上的使用，并为个人出行提供更多更环保的交通运输方式。

3. 推动能源转型的主要经验

目前，德国能源转型已经取得了显著成效，可再生能源已经成为德国能源供应体系中的重要组成部分。

1）高度灵活的电力系统是德国能源转型的重要基础

风电和光伏发电是德国未来低碳能源系统的基础。原计划到 2020 年，以风电和光伏发电为主的可再生能源占德国终端能源消费和电力消费的比重将分别达到18%和 35%以上。由于风电和光伏发电的波动性，对电力系统灵活性的要求大大提高。德国从电力系统各个环节入手，提升电力系统运行的整体灵活性。

在发电环节，德国通过技术改造等手段增加火电机组的调峰深度，同时，通过增加储热设施等方式提高热电联产电厂的调峰能力。德国的研究和经验表明，在充分挖掘火电厂潜力的情况下，燃煤机组的最小出力可以从 40%进一步下降到20%，爬坡速度可以提升到原来的 4 倍，冷启动时间缩短 50%以上。

2）电网环节

在电网环节，德国通过加强电网建设，扩大电网互联范围，发挥互联电网“间接储能系统”的作用。电网互联的扩大，可以降低对灵活调节电源的需求，优化资源利用，减少系统总体成本。为保障可再生能源发展所需的电网基础设施及时到位，德国连续出台了一系列电网相关法案。2011 年 7 月，德国通过了《加速电网扩建法》，目的是缩短跨联邦州和跨国超高压输电线路的规划和审批时间；2013 年 4 月，德国议会批准了《联邦需求规划法》，确定了 36 个亟须新建和扩建的电网项目，并通过简化审批程序、将项目相关诉讼案件统一移交联邦法院受理等方式，将原来需要 10～15 年的审批时间缩短至 4 年。德国政府还通过提高超高压电网的投资收益率、由可再生能源基金承担部分电网建设改造费用等方式，保护电网运营商的投资积极性。2013～2023 年德国将新建 3800 千米、扩建 4400 千米高压输电线路，以满足可再生能源发展需求。

3）用电环节

在用电环节，德国综合运用储能、热泵、电动汽车、智能电表等技术手段，提高负荷的可调节性。在工业领域，通过调整生产流程或储热、蓄冷、压缩空气储能等方式，实现若干小时的负荷转移；在居民生活领域，通过发展热泵、电动汽车等，增加低谷时段负荷。未来，德国将通过智能电表，根据电力市场的价格信号，实时控制家用电器，提高家庭负荷的灵活度水平。

4）发展可再生能源发电供热

电力和热力行业的深度融合，在能源转型中发挥了重要作用，也成为实现热力行业节能减排的必要手段。从能源消费总量看，到 2020 年，德国热力行业的能源消费预计将达到电力行业的两倍，是实现能源转型目标的重点行业。德国计划通过“以电代气”“以电代油”等措施，利用可再生能源发电逐步替代热力行业的油气等化石燃料，通过发展风电供热，增加用电负荷，减少弃风比例。德国部分地区的市政电力公司通过给热电联产电厂加装储热装置，扩大了这些电厂的出力调节范围，提高了可再生能源消纳能力。

4. 德国低碳转型的财政政策

财政补贴方面，德国给予可再生能源项目财政资金补贴，以鼓励私人投资新能源产业。德国政府在 2000 年颁布《可再生能源法》，制定再生能源“固定价格收购制度”，规定电力运营商有义务以一定价格向用户提供可再生能源电力；政府为鼓励开发利用太阳能，实施“太阳能屋顶计划”，并提供优惠条件；政府对可再生能源项目提供优惠贷款，把贷款额的 30%用作补贴。近年来，在德国财政补贴等相关扶持政策的推动下，风力、生物质能、水力、太阳能等可再生能源发电量占德国发电量的比重约为 20%。

低碳税收方面，德国不断推进生态税改革。德国于 1999 年和 2000 年分别颁布并实施《实施生态税改革法》与《深化生态税改革法》，逐步开展生态税改革，改革税种主要包括交通燃料费、电力税、取暖费以及天然气费，并根据不同产品和行业实行差别税率，以调整能源结构，补贴低赢利行业。德国生态税从 1994 年征收矿物油税开始；1999 年又推出电力税；2000～2003 年陆续提高电力税、汽车燃油税、取暖燃料税；对无硫燃料征收的燃料税比含硫燃料的税率低 1.5 个百分点；2006 年 8 月引入煤炭税。德国征收生态税后每年获约 180 亿欧元的税收收入，其中 90%通过降低或稳定退休金交费或补贴养老基金又重新回流到企业和家庭，降低了企业的劳动力成本，增强了德国企业的国际竞争力。

政府低碳采购方面，德国政府同样注重采购过程、所采购产品以及使用过程的低碳性。德国 1996 年开始实施的《循环经济与废物管理法》中专门一章论述“环境友好产品采购的要求”，建议各州及地方政府均采购环境友好产品。《评判公共货物及服务采购的章程》提出对投标的要求中应包含环保因素，要求公共货物与服务采购把好绿色环保关，所购产品必须符合国家环保标准；要求政府机构使用再生纸、太阳能装置、低能耗等节能环保产品。

政府预算政策方面，德国政府专门设立被誉为“未来部”的联邦教育和科研部，将重点集中于环保和能源技术研究领域。2006～2009 年，德国政府投资 20 亿欧元于能源研发与研究领域，投资 2490 万欧元于节能领域。同时，德国联邦教育和科研部于 2008 年 3 月推出“能源基础研究 2020”新计划，确定未来资助的重点是能源有效生产、转化、储存、利用和输送技术的研究，以及工业生产产生的二氧化碳地下储存技术的研究等。

1.2.3　丹麦经验

20 世纪 70 年代以来，丹麦经历了两次重大的能源转型。第一次是由能源净进口国转变为能源净出口国；第二次是逐步摆脱对化石能源依赖。这使得丹麦从一个能源几乎全部需要进口的依赖者，不仅实现了能源独立，而且一跃成为欧盟乃至全球在能源和气候变化领域的引领者。

1. 丹麦能源转型的背景

20 世纪 70 年代初期，丹麦的能源自给率不到 2%，而且能源供应的 90%依赖进口石油。1973 年，石油输出国组织（Organization of the Petroleum Exporting Countries，OPEC）在第四次中东战争爆发后，宣布石油禁运，暂停出口，第一次石油危机爆发，油价在短期内上涨了 3 倍多。丹麦由于单一的能源结构，经济受到了剧烈冲击，丹麦国内生产总值（gross domestic product，GDP）增长率由第一次石油危机前的 4.2%，降至 1974 年的–0.8%、1975 年的–1.2%。面对这种局面，丹麦采取积极的能源政策，开启了第一次能源转型。这次能源转型的首要目标就是保障能源供应的安全性。作为市场经济国家，丹麦积极采取能源税收政策，提高终端能源消费价格，这在提高能源效率、降低能源消费方面起到了非常重要的直接和间接作用。

除了征收能源税提高终端能源价格外，丹麦还根据不同领域的具体情况，采取相应政策措施提高能源效率。在建筑领域，不断提高建筑的能效标准和要求。在供热和电力领域，大力推广热电联产和区域供热。在工业领域，对工业企业的节能项目给予补贴和支持。在交通领域，大幅提高车辆购置和使用的成本。

丹麦在第一次石油危机后，改变依靠石油的单一能源供应体系着力实现能源供应的多元化，同时大力提高能源自给率。丹麦缺少煤炭资源，经过 20 世纪 70 年代初期的石油危机，丹麦开始鼓励增加煤炭的进口和使用，在一些领域逐步替代石油。1973 年，丹麦的能源供应中煤炭占比约为 10%，到 20 世纪 90 年代中期，丹麦能源供应中煤炭占比一度达到了 36%。

20 世纪 70 年代第一次石油危机以来，丹麦着力开发本国北海的油气资源，其油气产量不断增加。随着油气产量的增加，丹麦由能源净进口国转变为能源净出口国。通过几十年的努力，丹麦很好地实现了第一次能源转型。能效方面，从 20 世纪 70 年代到 21 世纪初，丹麦 GDP 总量增长近一倍，总人口增长近 8%，但其能源消费量却几乎没有增长。在供应方面，到 21 世纪初能源自给率超过 100%，能源供应呈现更加多元化的格局。丹麦不仅成为能源净出口国，而且在风电等可再生能源领域逐步形成了技术优势。

20 世纪 90 年代以来，温室气体排放和气候变化问题逐渐升温，并成为影响能源战略和政策的重要因素，而丹麦构建的多元化能源供应体系仍属于高碳化的结构。另外，随着 2005 年之后北海油气田的减产，丹麦油气自给率已从最高时的 218%降到了 2010 年的 168%，因此从长期看，丹麦有可能仍将面临进口石油、天然气等化石能源的挑战。

面对这样的局面，丹麦逐步开启了第二次能源转型。2011 年 2 月，丹麦发布了《能源战略 2050》，正式提出了新的能源转型战略的目标，即到 2050 年丹麦要摆脱对化石能源的依赖。丹麦为实施《能源战略 2050》主要采取了增加可再生能源使用、提高能效、减少总能源消费等措施。

丹麦拥有丰富的风能资源，风电将在未来丹麦的电力供应中占有相当大的份额，因此大力发展陆上和海上风电是摆脱对化石能源依赖的重要方向。生物质具有大量替代煤炭和天然气的潜力，因此，丹麦修改供热法案，促进大型热电厂生物质的使用量，鼓励天然气供热厂改用生物质；同时加强沼气基础设施发展，对沼气的生产和使用给予补贴。

提高能源效率、减少能源消费总量依然是丹麦第二次能源转型的重要方向。丹麦将节能义务由能源类企业扩展到所有企业，同时能源类企业的节能义务在 2017～2020 年提高 75%；对用能设备的能效提出并执行更高的标准；在建筑改造中，通过执行隔热性能最低能效标准等一系列严格要求，将建筑供暖量减少约 50%；在供暖领域，推广更节能的热泵等供暖技术以替代既有的燃油和燃气供热设施。

积极推动欧盟地区和全球绿色发展，发挥丹麦绿色能源技术出口优势，同时欧盟和全球的绿色转型也使丹麦企业竞争力被削弱的风险减小。由于在短期内可再生能源和提高能源效率的价格通常高于化石燃料价格，因此丹麦新的能源转型需要政府对上述政策措施提供全面的资金支持。

除了制定国家性的气候变化战略外，丹麦政府还在 2004 年 12 月颁布的《节能措施草案》中确立了节能的政策框架，此后实施了一系列旨在推动建筑物和工业节能以及应用高能效设备的机制，主要包括：征收家庭和公共部门能源消费的能源税和二氧化碳税；向工业部门征收二氧化碳税；建立二氧化碳排放权交易体系；签订工业部门节能自愿协议；设立大型和小型建筑的能耗标识；设立设备和照明的能耗标识；建立能效和自愿协议标准；减少待机能耗等。

2005 年 10 月，丹麦政府达成了更广泛的政治协议以促进节能措施的实现，目标是降低总能源消耗（不包括交通领域）。2006～2013 年每年要减少能源消耗 7.5 拍焦耳①。2008 年对已经采取的措施和取得的成果进行评估。没有按计划达到的节能量将通过在电力、天然气、区域供热和石油部门的管网和输送过程中减少能耗的方法实现。该协议还包括针对政府 2004 年颁布的《节能措施草案》所制定的一系列新措施。

通过建立有效的政策框架、增加可再生能源的利用（包括扩大电力基础设施

① 1 拍焦耳=10^{15}焦耳。

以支持可再生能源推广)、在研发以及示范项目中优先发展可再生能源等，为可再生能源的市场化发展建立了良好的经济条件。

2. 能源转型措施

1）加大可再生能源消费

2005 年在能源开采、加工和输送过程中造成的温室气体排放占丹麦总排放的 62%。丹麦在能源领域采取的措施有：签订生物质利用协议、对环境友好型电力给予补贴、发展海上风电场、老旧风机替代和能源研究等。

虽然几乎没有任何水电资源，丹麦却成功地成为可再生能源发电的全球领导者。1980 年以来，可再生能源在丹麦终端能源消费中的比例一直在稳步增长。2014 年丹麦的最终能源消费中有 25%以上来自可再生能源。仅从电力供应角度来看，丹麦 2014 年的可再生能源占国内发电量的接近 50%，主要来自风力发电。2014 年末丹麦有 4893 兆瓦风电装机容量，其中 1271 兆瓦来自海上风力发电。当风力充足时，丹麦风电机组的发电量超过国内的用电需求。得益于新型可再生能源技术，丹麦的能源系统和电网发生了根本性的改变。丹麦的经验表明，传统发电的灵活性，强有力的输配电网络，以及为了扩大平衡区与周边国家进行更多的电力交易，成为克服这些挑战的重要组成部分。

国内的能源资源如风能、太阳能和生物质能的开发利用不仅对碳排放的急剧下降做出了贡献，也提高了能源供应的安全性。

丹麦总体能源结构的改变，导致能源生产的排放量大幅下降。从 1990 年到 2013 年，来自电力生产的二氧化碳排放量下降了 50%，与 1990 年相比，2013 年单位 GDP 二氧化碳排放量减少了一半，人均二氧化碳排放量下降了 37%。

2）实施能源效率自愿协议机制

丹麦工业部门的特点是拥有大量的中小型企业，而水泥、冶炼以及钢铁这类的大型能源密集型企业则数量有限。丹麦工业部门最终能耗约占丹麦整体最终能耗的 1/5。丹麦针对工业部门颁布全面的能源效率政策始于 20 世纪 90 年代初期。在那以前，工业能耗一直在不断增加。1990 年，政府发布了一项名为“能源 2000”的总体能源规划，提出了如何实现其雄心勃勃的气候与能源政策目标的方案。

1996 年丹麦政府推出能源效率自愿协议机制，由丹麦能源署负责该机制的行政管理。能源效率自愿协议机制针对的是中小企业及大企业的高耗能生产过程，也包括温室供暖与食品饮料、糖、纸、砖及玻璃的生产。主要目的是鼓励该目标群体出台提升能源效率的基础性措施。截至 2010 年，已经有大约 230 家企业签署了自愿协议，这些企业占丹麦工业与制造业部门总燃料消耗的 2/3，电力消耗则介于 1/3 到 1/4 之间，相当于全国总能耗的 8%～9%。丹麦工业部门在 2010 年时的总节能潜力如表 1-4 所示。

表 1-4　丹麦工业部门在能源资源及投资回报期方面的节能潜力

能源资源	能源需求份额	2 年回报率	4 年回报率	10 年回报率
电	33%	14%	19%	41%
燃料	67%	7%	12%	26%

资料来源：丹麦能源署

注：对于燃料消耗来说，蒸发器、干燥过程、过程加热/热回收之类工艺中的能源节约是节能潜力的重点，而公用设备系统（冷藏设备、空气压缩系统等）则是节电潜力的重中之重

针对能源密集型行业的协议机制是自愿的，但也是有原则的，参与该机制的企业需要做一些额外工作（“大棒”）才能获得经济奖励（“胡萝卜”）。根据丹麦立法，可选择减免能源税来获得直接的经济效益。对大多数能源密集型企业来说，商业案例都很简单：减免的税收要超出参与该机制的成本。

丹麦自愿协议机制是为企业设计的，参与企业条件为：企业从事某种能源密集型的生产活动或企业的能源税高于企业增加值的 4%。

丹麦法律总共确定了干燥过程、蒸馏塔、窑炉、熔炉等 37 种能源密集型生产活动（高能耗工艺）。

3）推进集中区域供热

丹麦地处北欧，采暖期长，很多建筑一年四季需要供热。根据这一特点，丹麦积极发展以热电联产和集中供热为核心的建筑节能技术。到 2006 年底，丹麦 60%以上的建筑采用集中供热技术，通过发展分布式能源技术，大量采用可再生能源技术进行集中供热，包括沼气集中供热、秸秆及混合燃烧集中供热等。丹麦政府实施了一系列推动节能、减少供暖能耗的措施以减少能源消耗及其对环境的影响，具体措施有：部分民用能源消耗如电力和供暖纳入欧盟二氧化碳排放贸易体系，对大小型建筑物的能耗进行标识（包括公共部门和商业领域），以及对电器设备的能耗进行标识等。

为了有效地落实以上措施，丹麦政府还制订了详细的行动方案，细化了具体的目标，例如，从 2006 年开始实现建筑物节能 25%～30%，在此基础上从 2010 年继续实现节能 25%；新建低能耗建筑物禁止使用电采暖；对既有建筑中的供暖系统、锅炉、门窗等进行改建以减少其能源消耗；将有关能源标识和标准的工作放在优先位置；推广能耗可视化并且开发先进的能源计量表以及推广节能信息等。

即使对不适合使用集中供热的分散独立建筑，丹麦也尽可能利用可再生能源技术实行独立建筑物集中供热系统，到 2005 年，可再生能源在丹麦的热力供应中的比重突出，稳居首位，超过了天然气和煤炭，约占 45%。丹麦通过大力推广建筑节能技术和对建筑设施能耗实行分类管理，大大降低了建筑能耗。与 1972 年相比，丹麦的建筑供热面积增加了 50%，而相应的能源消耗却减少了 20%，相当于单位面积的建筑能耗降低了 70%。

3. 财税政策

1）建立排放配额体系和配额注册

从 2005 年 1 月 1 日起，欧盟排放配额体系正式代替丹麦国内的排放体系，它和丹麦的气候战略一起成为丹麦政府减少温室气体排放新政策的重要组成部分。丹麦原有的排放配额只包括能源行业的主要发电厂，而目前欧盟排放配额体系则针对丹麦国内超过 20 兆瓦的发电企业、冶炼厂、钢铁厂、水泥厂、玻璃和造纸厂等。

随着加入欧盟的排放配额体系，丹麦国内实施了配额登记，即向生产企业分配排放配额并允许企业在丹麦排放交易登记体系下进行交易，主要目的是为丹麦实现《京都议定书》的承诺做准备。

2）征收税费

大多数情况下，零售产品的价格决定能源消费的程度和数量，从而间接影响温室气体的排放。因此，对在使用过程中造成温室气体排放的产品征收额外的税费。

丹麦政府规定，对车辆、能源产品征收特别税费。此外，从 20 世纪 90 年代开始，针对会造成污染的消费产品和稀缺资源包括水、石油、电力等能源产品以及污染物（如二氧化碳、氢氟碳化物、聚氯乙烯、六氟化硫、二氧化硫和垃圾）征收环境税。影响丹麦温室气体排放的税费包括能源税，矿物油、天然气、煤炭和电力的二氧化碳排放税，以及使用氢氟碳化合物、全氟碳化合物和六氟化硫气体的特殊使用税。此外，为了推动消费者购买高效车辆，对于不同排放量的车辆其注册费和年费也不同，排放量小的车辆缴费较低，反之则较高。

第 2 章　能源革命引领城市可持续发展的全球案例

2.1　弗赖堡：建设绿色之都

2.1.1　城市发展概况

弗赖堡市位于德国西南部的巴登–符腾堡州，地处德国、法国、瑞士三国交界处。弗赖堡是德国著名的太阳能之城，拥有丰富的太阳能资源和全欧洲最大的太阳能开发利用研究机构，已经形成了太阳能研究所、太阳能企业、供货商和服务部门一体化的太阳能经济网络。同时，作为绿色城市的典范，弗赖堡在气候保护、能源利用、交通规划、垃圾处理等各方面都有一些很好的经验，值得思考与借鉴。

可持续性是德国弗赖堡这座绿色之都在经济、教育、科研领域得以积极发展的源泉，同时也贯穿于城市发展的各个方面：城市和地区发展过程中，能源供应固然重要，但其他方面，如能源利用效率、绿色出行方式、经济政策研究、多元环保视角以及绿色休闲空间维护等因素也必不可少。

各领域都需要不同人员、机构的参与和努力，城市政策制定和行政管理相辅相成，科研开发和经济促进紧密结合，共同致力于打造一座可持续之都。这项任务也已得到市民的广泛支持和拥护，他们的不懈努力为城市建设奠定了坚实基础。

2.1.2　气候保护和能源供应

弗赖堡市比大多数城市都更早认识到气候保护的重要性。1986 年切尔诺贝利核事故发生后不久，市议会即通过决议逐步废止核电，并制订了一份面向未来的能源供应规划。该规划建立在三大支柱之上：节能、提高能源利用率和发展可再生能源。通过与周边城镇合作，弗赖堡市计划至 2030 年二氧化碳减排 50%，2050 年建成碳中和城市。为实现该目标，弗赖堡市让尽可能多的相关人员参与进来，有针对性地资助新能源项目，比如，举办活动促使私人和企业注意环保、改造工业园区、推动城区建设节能等。当然，节能潜力更大的是旧房节能改造，具体项目如高楼节能改造（德国第一座被动节能高楼诞生在弗赖堡市）、“哈斯拉赫节能小区”的城区节能改造等。

2.1.3 城市的可持续发展

弗赖堡市的前瞻性规划为长期城市建设发展和空地利用提供准绳。当然，该规划还要通过修改《土地使用规划 2020》才能具体得到落实。在弗赖堡市，城建项目设计之初即须考虑节能因素，如充分利用太阳能、遵守弗赖堡市高效能房屋建设标准等。在房屋建造前都先制订能源使用规划，房主须签订合同，确认采用对环境负面影响最小的能源供应方案。市民的积极参与对于规划的执行也相当重要，因为他们组成的工作小组可以指明该片地区的潜力所在和不足之处，并提出发展目标和首选操作方式。

2.1.4 短途城市交通规划

在交通规划方面，首要目标是通过打造短途城市以实现交通总量的减少。1969 年弗赖堡市就制订出第一份“交通总规划”。此后，城市交通规划政策一直致力于在不过多负面影响城市发展和生态环境的基础上开发交通设施。该政策的核心在于鼓励使用对环境危害小的交通工具和设施，包括提倡步行、使用自行车和公共交通等，几十年来这方面成果显著。与德国其他大城市相比，弗赖堡市的私人汽车拥有密度极低，平均每 1000 人才拥有 428 辆汽车。

2.1.5 市民参与能源转型

弗赖堡市为可持续性发展举办了大量项目和活动，市民积极响应，其中大部分是在“弗赖堡 21 世纪议程”大框架下举办的。可持续发展在弗赖堡市看得见、摸得着，市民可以积极参与，而且他们的热情与拥护也为城市可持续发展提供了有力保障。生态环境教育在其中也发挥着举足轻重的作用，有多种课程可供选择，无论是校内还是校外，市民在其中都能亲身体验生态环保。弗赖堡市的“可持续发展教育基金会”每年为此资助 4 万欧元。

2.1.6 垃圾处理规划

弗赖堡市为解决垃圾增长问题已制订出一套全方位的垃圾处理规划，长期秉承着“先减量，再回收，后焚烧”的理念。弗赖堡市居民积极参与垃圾分类，这使弗赖堡市垃圾再利用率高达 69%，这与长期推行使用有机垃圾回收筒和细致入微的垃圾收集系统密不可分。无法避免也不可作为原料再利用的垃圾被运送至其他垃圾处理暨产能中心集中处理。曾经的垃圾填埋场如今已是产能大户。2011 年，这里修建了弗赖堡市最大的太阳能电池中心，总功率达 2.5 兆瓦，每年可满足 1000 户居民的用电需求。此处的垃圾也派上大用场，制造出的沼气被输送至修建在另一个区的热电联产站发电、发热。

2.1.7　环保经济和环境研究：为创新科技搭建的强大平台

弗赖堡市关注环保、太阳能技术及生命科学由来已久。当前，该地区大约 12 000 人就业于环保及太阳能领域。科研中心是弗赖堡市从事可再生能源研究的核心单位，德国夫琅禾费研究院太阳能系统研究所（Fraunhofer Institute for Solar Energy Systems，ISE）即为一例，多家工商服务企业和组织聚集周围，包括太阳能电池厂、能源代办处、咨询公司、太阳能建筑设计所、节能环保饭店、手工业企业等。它们被整合在绿色之都产业集群中，该产业集群业务领域极广，从建立关系网、对外交流及公关工作，到地区营销，再到参加各项专业会展。成员间紧密合作，不时碰撞出火花，革新技术并非难事。在弗赖堡市及其周边地区，环境保护和经济发展相辅相成。

2.2　慕尼黑：地方可再生能源应用的先驱

2.2.1　城市概况

慕尼黑位于德国东南部的巴伐利亚州，该城市支柱产业为汽车制造、电子、信息技术（information technology，IT）、旅游、保险、生物技术、传媒等，2013 年国民生产总值为 949 亿欧元。按照慕尼黑气候保护与能源项目计划，至 2025 年使绿色电力产出总量满足全市年用电需求。

2.2.2　用可再生能源满足近 14 万户家庭的用电

2008 年慕尼黑的电力结构中，可再生能源所占比例为 17%，满足近 14 万户居民的用电需求。其中，大部分电能来自该地区的十家水电站。慕尼黑的首家沼气发电站于 2006 年投入运营。这家发电站与海拉布伦动物园（Tierpark Hellabrunn）合作，把动物粪便和饲料残渣转化为沼气。其中的甲烷在热电联产装置中燃烧，实现二氧化碳的“零排放”；产生的电能用于上网发电，产生的热能可为动物圈舍供暖。位于慕尼黑市里姆区（Riem）的会展中心大楼安装了全国范围内规模数一数二的光伏屋顶。其总面积达 38 100 平方米，年发电量约 100 万千瓦时。

此外，巴伐利亚州还有一家大型露天光伏发电站于 2008 年 12 月并网发电。

它位于多瑙河畔的劳英根市（Lauingen），可满足近 2000 户家庭的用电需求。慕尼黑市政集团持有该电厂 49%的股份。

到 2025 年，可再生能源应满足慕尼黑的全部供电需求。对任何一座德国的大型城市来说，慕尼黑于 2009 年 9 月公布的远景目标都是独一无二的：这座城市每年约 75 亿千瓦时的用电量将全部由可再生能源设备覆盖。慕尼黑市政集团计划投资数十亿欧元，在 2015 年之前利用风能、太阳能、生物质能、地热和水力发电满足全面的居民用电需求。在第二阶段即 2025 年之前，可再生能源发电设备应覆盖所有的工业用户。

2.2.3 太阳能屋顶全覆盖：10%的电力应来自太阳能

为实现向可再生能源的彻底转型，慕尼黑始终致力于太阳能的应用。其中，“慕尼黑太阳能倡议”旨在全面推动太阳能在屋顶上的应用，从而把太阳能发电比例提高到 10%。这将是 2014 年装机容量的 50 倍。慕尼黑市前市长克里斯蒂安·乌德指出，“慕尼黑太阳能倡议”是可以让每一个慕尼黑市民参与进来的理想平台，它能创新性地把经济效益、生态效益和融资优势结合起来。最终，慕尼黑的环境、经济发展和民众都会获益。

“慕尼黑太阳能倡议”项目为慕尼黑经济界人士、楼宇业主和私人提供咨询服务，鼓励他们开辟出屋顶的可用面积或投资安装太阳能屋顶。目前正在开展可行性研究，以评估“慕尼黑太阳能倡议” 具体的落实办法，并分析慕尼黑市的节能潜力。此外，还将进一步考察经济性、法律、市场营销、技术和融资方案等方面的问题。太阳能设备可以安装在独栋住宅或出租屋建筑上，也适用于大型仓储及工业建筑，因此非常契合人口密集区的用电特征。

2.2.4 从慕尼黑迈向北海及国外

为了能在 2025 年之前实现只依靠可再生能源发电的宏图，慕尼黑市政集团还把投资版图扩大到慕尼黑大区之外的地方。比如，慕尼黑市政集团持有位于西班牙南部的格拉纳达省的大型太阳能热发电站“Andasol 3”近 50%的股份。在北海地区的“Global Tech 1”风电场项目上，慕尼黑市政集团持有 25%的股份。这座海上风电场拥有 80 台发电机，总装机容量为 400 兆瓦，落成投产后可为慕尼黑 14 万户家庭提供清洁电能，项目总投资额为 13 亿欧元。

此外，慕尼黑市政集团还从 wpd think energy 集团收购了五座德国的陆上风电场，共包括 25 座由设备制造商 Enercon 公司及 Veatas Wind System A/S 集团生产的风力发电机，容量为 50 兆瓦。慕尼黑市政集团每年投资约 5 亿欧元用于可再生能源的建设项目。依靠其雄厚的投资实力，慕尼黑市政集团坚定支持着慕尼黑的减排目标。慕尼黑市政集团前主席库尔特·慕赫泽称，预计慕尼黑市政集团到 2025 年将累计投资 90 亿欧元。

2.2.5　慕尼黑人开发“地下”能源

除发电领域外，未来慕尼黑的采暖需求将有一半来自可再生能源。如今已利用地热满足了部分的采暖需求。慕尼黑东部郊区里姆会展新城于 2004 年建成的 9 兆瓦地热供暖设施是德国最大的同类设施。它将地下约 3000 米深的 93℃的热水抽至地表，继而打入供热管网中；再用排水管将冷却后的水排回岩井。通过这种方式满足了里姆一半以上的采暖需求。

继首个项目取得成功之后，绍尔拉赫镇（Sauerlach）的 8 兆瓦地热发电站 2013 年并网发电。第三个地热设施位于费拉汉区（Freiham），已于 2016 年投产发电。慕尼黑市政集团的远期目标是利用地热满足慕尼黑 50%的采暖需求。

2.3　奥胡斯：绿色城市建设典范

2.3.1　城市概况

奥胡斯是丹麦的第二大城市，位于丹麦西部日德兰半岛，地处卡特加特海峡丹麦海岸上，在这里波罗的海与北海交汇。作为大学城和商业枢纽，奥胡斯经济发展迅速。

奥胡斯已决定在 2030 年前实现碳中和，领先于全国目标 20 年。因此，重视提高能源效率，减少对化石燃料的依赖，并在经济增长的同时减少碳排放，将成为市政府工作的重中之重。

2009 年到 2020 年期间，必须要减少 35%的碳排放，为奥胡斯市在 2030 年前实现碳中和铺平道路，而提供高效的区域供热和热电联产解决方案是实现这一目标的主要途径。

2.3.2　奥胡斯气候和能源规划：面临的挑战和解决方案

奥胡斯的区域供热系统满足该市 95%的热力需求，与其他丹麦城市一样，奥胡斯的集中供暖系统具有很高的能效水平，其中一个主要的原因是利用了发电厂的余热供暖。由于市议会认识到建设基于绿色增长的节能城市的重要性，能源利用效率得到了高度重视。

在奥胡斯市政府的气候和能源规划中，节能是一个重要的考虑因素，实施的项目涉及多个利益相关方。奥胡斯按照共同合作的模式来开展工作，市政府扮演着合作促进者的角色，通过与企业、大学、科研机构，以及丹麦国内各部门的合作，开展旨在推动绿色增长的项目。

与各利益相关单位的合作模式被认为是创新性的伙伴关系，形成了企业、大学、科研机构、市政府之间的思维模式与互动方式。这种模式也可用于国际合作，如增强奥胡斯和中国哈尔滨之间的友好城市关系。

奥胡斯近年来实施了一批节能项目，增强了该市的绿色经济。未来几年还要开发一些新的项目，这些项目成为奥胡斯可持续发展解决方案的组成部分，将确保奥胡斯的能源利用效率达到一定水平。

丹麦政府的目标是，2050 年前实现 100%可再生能源供电和供热。要实现这一目标，到 2020 年之前需要实现一个里程碑，使风电占全部用电量的 50%（不包括电力热泵用电和电动汽车）；到 2030 年，这个比例还要进一步提高。为了配合这一目标，奥胡斯非常重视将风力发电集成到区域供热系统的解决方案。

2.3.3 奥胡斯解决方案

为了提高奥胡斯的能效，按照市气候和能源规划，市政府启动了一批非化石燃料供热项目。

奥胡斯和丹麦其他地方的市政机构、私营企业、大学和科研机构正在参与这些项目。各种不同类型的组织参与合作的出发点也不一样，例如，有的是为了创收，有的是为了测试解决方案。这些不同的出发点被证明是开发项目完成的强有力工具，而共同的目标是提高能效，实现绿色增长，同时为提高市民的生活品质提供解决方案。

2.3.4 气候变化与供热规划——将生物质作为区域供热的主要燃料

为了给绿色供热铺平道路，奥胡斯供热公司提出了一项宏伟的计划。该计划包含一些举措，在已经实现高效供热的基础上，进一步投资引进可再生能源，实现更多的节能减排。该计划还为区域供热网络集成更多风能创造条件。作为第一步，2015 年前所有热力生产都将从煤炭转化成非化石燃料，如秸秆、木质成型燃料、木屑和垃圾等。

要做到这一点，就需要把奥胡斯北部的 Studstrup 热电厂从烧煤改为使用木质成型燃料，并建设一座新的生物质燃料热电厂。奥胡斯供热公司已在该市已有的一个垃圾焚烧发电厂旁边建设了一座新的生物燃料发电厂，该电厂能效非常高，包含烟道气余热回收装置，以实现燃料的高效利用。

供热主要燃料将来自当地供应商的秸秆，在秸秆供给不足的情况下，可能有 50%以上的燃料用木片。依据这项供热计划，到 2030 年，长期的可持续的能源如风能和太阳能发电将逐步用于供暖系统，以减少对稀缺的生物燃料的依赖。通过与行业领先企业和教育中心携手合作，奥胡斯供热公司很有希望成功开发出热存储系统、热电联产电厂的旁路系统，以及各种旁路设备组件等，这将为供暖系统提供更大的灵活性。

该计划的另一部分还呼吁开展多个开发项目，使系统更节能。这包括在管网中利用一些当地企业产生的余热,并与一些小的热力生产企业建立合作伙伴关系。

2.3.5　开发智能型区域供热计量表

奥胡斯设计了一种新的智能计量系统，目的是节约热源耗费，提高热力管网的可靠性，并降低能源供应公司——奥胡斯供热公司的管理成本。奥胡斯的家庭将从这种世界上最大、最先进的采暖远程计量系统中受益。

该系统的核心是通过安装在客户家中的智能热量表，实现远程传输数据，奥胡斯供热公司将换装 53 000 个这样的远程热量表。该仪表每 24 小时将热量消耗自动上报一次，并取代现有的人工抄表。该数据系统能够让消费者通过互联网和手机持续跟踪了解他们的热量消费情况。

该系统在 2017 年安装完成后成为当时世界上同类系统中规模最大和最先进的系统之一。第一批 13 300 块热量表由当地的卡姆鲁普公司提供，这是一家能源计量领域的世界领先企业，并由 EMT Nordic 和 Saseco 公司开发了用于数据采集的 IT 系统，Intego 公司则负责仪表的现场安装。

开发该系统的目标是提高采暖用户的节能意识，并鼓励他们改变习惯和行为。另外，由于数据采集系统可以监测和报告漏水情况，配热管网系统中还可减少高达 20%的热水流失，同时避免了错报或遗漏读数所造成的管理费用。丹麦区域供热解决方案积累了多家公司在热力和电力生产方面的设计、建造和运营系统中的经验，已经得到国际上的认可。奥胡斯的集中供暖系统还结合了智能计量系统，通过能源优化为居民、企业和环境创造了效益，成为丹麦和世界上其他国家的城市的典范。

为了实现丹麦摆脱化石燃料依赖的长期目标，利用丹麦丰富的可再生能源资源，对风能进行开发将成为实现这一目标的关键手段之一。奥胡斯的战略是近期大力发展生物燃料，长期是将大规模风能和太阳能并入能源系统。事实上，区域供热规划的重点是集成风电，为热力生产带来效益，这也符合让风电在未来能源规划中发挥更大作用的思路。

奥胡斯有关集成风电的最大的优势被认为是已经在本市建立了广泛的区域供热系统。这意味着，奥胡斯可以灵活地利用已有的区域供热系统，在吸纳大量可再生能源并网的同时，保持系统的稳定性。除了采用热电联产电厂的旁路技术，大型热泵和电热锅炉可以配合热存储技术，成为很好的实用解决方案。

奥胡斯在现有的火电厂建成了若干储热设备，并对更多储热装置进行成本效益评估，考虑以其他形式配合已有的区域供热系统。

2.4 日本筑波科学城：科技创新中心典范

2.4.1 城市概况

20 世纪 60 年代起日本借鉴美国经验，开始从“贸易立国”转向“技术立国”，同时，为疏解首都“大城市病”，日本政府主导在首都东京附近规划建设国家级研发“卫星城”——筑波科学城。筑波科学城又称为筑波研究学园都市，被誉为日本的头脑城，位于东京都东北 60 千米，占地面积 283.72 平方千米，以国立科教机构为主的中心部占地面积约为 30 平方千米，外围产业发展地区约为 253 平方千米。筑波科学城于 1968 年开始动工，耗资 50 亿美元。1974 年，日本政府开始将所属 9 个部厅的 43 个研究机构，共计 6 万余人迁到筑波科学城，形成以国家实验研究机构和筑波大学为核心的综合性学术研究和高水平的教育中心。1984 年 4 月，日本政府通过了《高技术工业及地域开发促进法》，以建设代表 21 世纪产、学、研相结合的中心城市为目标，形成推动远离太平洋沿岸地带的传统产业向高技术产业方向发展的基地。到 1982 年，已有 10 个省、厅的 43 个国家研究所（约占日本 40%的主要科研机构）、两家私人研究所和筑波大学等两所大学，约有 1.1 万多名研究人员、专家和后勤人员，再加上附属人员，从事科学研究的总人数已达 2.2 万人。

筑波科学城经过二十余年的发展，从聚集科学研究、技术开发、教育机构的数量来看，成效颇为显著。但与几乎同一时期迅速发展起来的美国硅谷，乃至台湾新竹科学工业园等科学园区相比，筑波科学城在产出能力、自组织能力、创新形式与活跃程度、开放程度等方面存在较大差距。筑波科学城的再创起始于 1989 年 5 月制订的“新筑波计划”，并取得初步成效。

2.4.2 国家科研机构积聚且国际化明显

全日本 30%以上的国家研究机构和 40%的研究人员都聚集到了筑波科学城，此地的国家研究机构的预算占到全国的 50%左右。2013 年筑波科学城有 31 个国家级研究教育机构，其中代表性的研究机构有日本宇宙航空研究开发机构、日本产业技术综合研究所、筑波大学等。此外，筑波科学城还建立了日本最大的超级洁净室和粒子物理实验室等世界最先进的研究设施，成为日本最大的国际研发基地、全球重要科研和教育中心。

2.4.3　日本政府全面主导建设

日本政府从选址到投资、政策保障全方位覆盖筑波科学城的建设。政府专门为筑波科学城建设提供健全的立法保障，并提供税收、外资引进等优惠政策支持。筑波科学城从规划、审批、选址到科研等整个过程和运行完全是政府决策，连科研机构和科研人员也都由政府从东京迁来，各种设施都需经行政审批配备，私人研究机构和企业也由计划控制。筑波科学城的建设和组织架构设计，完全依靠政府指令推进。政府除了直接投资外还提供低息贷款支持，推动科研以及教育机构搬迁。

2.4.4　“政企合作”、产研融合的样板

在筑波科学城，科学研究、技术创新的成果不是悬挂在象牙塔内的宝物，而是可以通过不同的形式向社会各界，尤其是向企业展示，给予企业某种灵感与刺激的准公共产品。在不违背知识产品专利保护的法律条件下，筑波科学城每年通过召开国际科技博览会、国有研究机构成果展示会，以及每年 4 月召开的科学技术周等活动，把科技成果反馈社会，推动成果产业化。当前，筑波科学城已成为世界上重要的政府在基础研究上与产业界合作的基地，当地为企业提供各种出租实验室和办公室，培育风险公司，促进工业界、学术界和政府间的合作，并传播筑波科学城的技术文化。

2.4.5　推进城市人才国际化

筑波科学城致力于打造国际化科学产业园，广纳国际化人才，深化国际交流与合作。筑波科学城在科学技术和学术研究领域取得了许多国际水平的辉煌成果，与国内外研究教育机构之间开展研究交流，外籍研究人员逐年增多，逐渐形成了科学技术和学术研究活动方面的国际交流基地。筑波科学城集中了世界顶级水准的研究教育机构，居住着众多的外籍研究人员和留学生。外籍人员遍及 129 个国家共计 7853 人（截至 2015 年 10 月），占全市人口的 3.5%以上。另外，近年来，以参加短期研究和出席会议为目的来访筑波科学城的外籍人士不断增加。

2.4.6　成立筑波全球创新推进机构

作为强力推进筑波国际战略综合特区而成立的组织，筑波全球创新推进机构致力于将筑波科学城转变为世界总部，承接聚集在筑波科学城的研究机构和企业，发挥筑波科学城枢纽功能。政府通过开办生活咨询服务和发行六国语言的市政报告等，为不同语言和不同生活习惯的外籍居民的生活提供支持。通过开展“国际交流会”等活动，日本人与外籍人士推进了超越国籍的民间交流。筑波科学城与美国的三座城市结为姊妹城市（加利福尼亚州欧文市、米尔皮塔斯市，马萨诸塞州剑桥市），与

中国的一座城市结为友好城市（广东省深圳市），另外还通过与许多其他城市如剑桥等开展各种信息交换和交流活动等，努力提高筑波科学城的国际性发展。

2.5 丹麦：区域能源互联网示范经验

2.5.1 丹麦的区域能源互联网概况

为实现丹麦2050年全社会能源体系中100%可再生能源（其中风电占电力能耗50%）的目标，建设和发展具有综合能源特性的区域能源互联网[①]技术成为最为重要的手段之一。

随着区域边界的变化，一个单一区域能源互联网既可能表示以能源配送网络结合分布式能源为主的小型区域性网络系统，也可能成为集产、输、配为一体的大型城市级网络系统。针对区域内部各类能源技术组合的协同规划和管理运营所产生的一系列问题的复杂性也会随着区域范围的扩大以几何倍数增长。

由于北欧的能源市场出现相对较早，丹麦的市场机制已经非常成熟。以电力系统为例，除了丹麦国家电网公司 Energinet 以输电系统运营商（transmission system operator，TSO）的角色负责110千伏及以上电压等级网络的管理和调度，电力的生产、配送和销售等环节则由多达64个配电系统运营商（distribution system operator，DSO）、45个平衡责任提供者（balance responsible party，BRP）以及近百家电力零售商在北欧的电力市场 Nordpool 中协作完成。由于区域能源互联网内部的灵活性不仅要服务自身，也要服务广域综合能源系统，建立以灵活性为商品的灵活性市场成为行之有效的一种手段。

2.5.2 电力灵活性交易平台 FLECH

iPower 作为丹麦智能电力领域最大的创新和研究战略平台几乎涵盖了丹麦所有电力相关企业、高校和科研机构，针对负荷侧的灵活性交易平台（flexibility clearing house，FLECH）是其主要成果之一（如图2-1所示）。这一平台主要用于解决丹麦在当前电力市场各利益主体之间（输配电系统运营商、灵活性聚合商等）因信息不对等而无法对灵活性进行合理发掘和优化利用的问题。作为信息交互和灵活性交易的载体，平台自身的功能主要包括市场清算、合同管理、结算等。灵活性的管理工具包括在供需两侧对灵活性的需求和供给能力的分别量化，以及对灵活性的控制和调度等技术模块。

---

① 在区域能源系统的基础上，区域能源互联网被定义为在一定区域内以电、热、气为能源载体，具有多种源—网—储—荷技术组合的一个综合且复杂的综合区域能源系统。

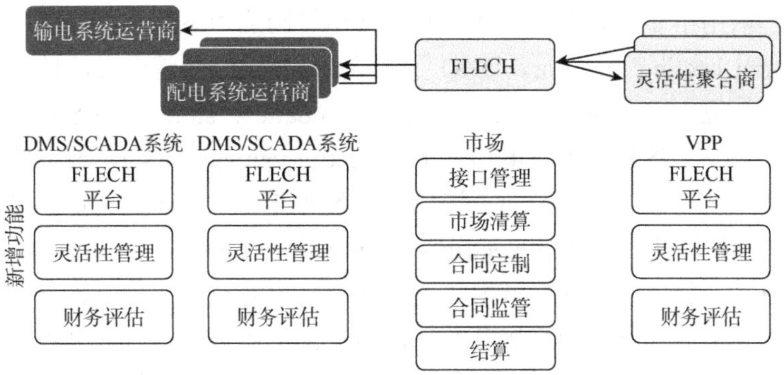

图 2-1　灵活性交易平台 FLECH 的基本功能以及相关工具需求

DMS 即 distribution management system，配电管理系统；SCADA 系统即 supervisory control and data acquisition system，数据采集与监视控制系统；VPP 即 virtual power plant，虚拟电厂

2016 年后这一平台及相关工具被另一大型示范项目 EcoGrid 2.0（2016～2019 年）拓展开发，并用于丹麦博恩霍尔姆岛（Bornholm）基于灵活性市场的区域电力系统运行。其间会有近 2000 电力用户通过两大聚合商参与灵活性市场为配电网和输电网解决阻塞管理、功率平衡等问题。

2.5.3　Energylab Nordhavn 中的城区能源互联网

北港（Nordhavn）作为丹麦首都哥本哈根的老港口区目前正被改造成一个至少拥有 4 万居民的新型城市社区。由丹麦能源技术发展和示范基金会（Danish Energy Technology Development and Demonstration Programme，EUDP）出资 1100 万欧元所支持的 Energylab Nordhavn 项目（2015～2019 年）是北港地区示范以电热互联为主体的城市区域能源互联网工程。其示意图见图 2-2。

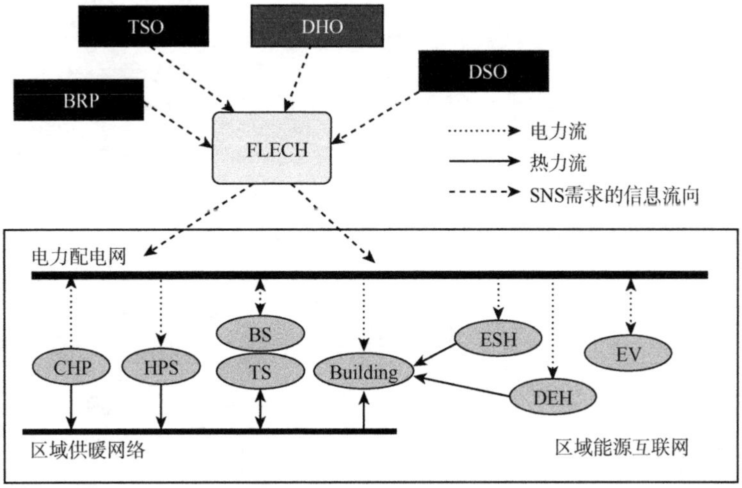

图 2-2　Energylab Nordhavn 中以智慧能源网络服务为纽带的电热系统互动设计

CHP 即 combined heating and power，热电联产；HPS 即 heat-pipe power system，热管电力系统

该工程沿用了 FLECH 的理念，并将其拓展到热力系统，使该区域内的热力公司（district heating operator，DHO）也可参与受益。系统中灵活性来源包括大型热电联产设备、各类热泵、大型电力储能（battery storage，BS）与热力储能（thermal storage，TS）设备、电动汽车（electric vehicle，EV）、智能楼宇和为低温区域供暖系统提供二次升温的直接加热设备（direct electric heater，DEH），以及具有储能功能的电加热器（electric storage heater，ESH）等。在灵活性产品方面，该项目截至目前已经为区域内 4 个灵活性需求方设计了以电、热负荷联合调度为代表的 9 类智慧能源网络服务产品，用于优化协调区域内部电网，热网，灵活性设备，传统电、热负荷，以及各相关利益主体之间的运作。

2.5.4 其他示范经验

除了上述提及的示范项目，丹麦还进行了一系列以实现高比例清洁能源为目标的区域能源互联网示范工程。例如，在洛兰岛（Lolland）打造的世界第一座氢能村庄以风电电解水制氢，再利用小型基于燃料电池技术的热电联产设备为村中每户居民提供相应的能源需求。该系统同时可为广域电力系统提供功率平衡等服务。再如，丹麦萨姆索岛（Samsø）以电力输出和基于热泵的零碳区域供暖为主要技术手段，实现了高于其本地电力消耗 3 倍的风能和太阳能发电量的并网和消纳。另外，在 Svalin、Fuglekvarter 等小型居民社区所展开的能源共享和端对端能源交易（peer-to-peer energy trading）的尝试为区域能源互联网中的能源管理提供了全新的商业模式。

第 3 章　城市能源运营模式的变革与创新

——基于青岛中德生态园的案例

3.1　城市能源的基本特征及其演变

能源是城市正常运转不可或缺的要素，城市也是能源消费的主体，全世界近70%的能源消耗集中在城市。随着经济发展和城镇化的加速，我国城市能源需求不断增长，城市能源消费总量占比达到 85%，超过世界平均水平 18 个百分点，我国城市能源消费高度集中特征明显[①]。

3.1.1　区域能源与城市

1. 区域能源基本概念

区域能源是一种经过验证的能源解决方案，它代表了多种技术，旨在发展冷、热、电的生产与供应之间的协同作用。这里区域涵盖了各种层级的空间概念，可以是行政划分的城市和城区，也可以是特指的开发区、园区，还可以是一个居住社区或一个建筑群等。

区域能源就近应用区域内、外的资源，包括一次能源、二次能源、可再生能源、余热废热资源、高低品位能源，满足区域内的各种产业用户、建筑用户、交通用户的能源需求；可提供各种类型及不同品位的能源产品——电、汽、热、冷、水等，应用各种先进技术、先进设备，建成各种用能系统，完成能源的生产、转换、输配、使用和排放的全过程，实现品位对位、温度对口、梯级利用、综合集成，实现能源高效利用。

---

① 资料来源：《中国城市能源报告（2018）——总体特征与样本发现》。

2. 城市中的区域能源

区域能源能够帮助城市实现的重要功能包括：保障能源供应、减少对能源进口和化石燃料的依赖、促进经济发展、增加能源可控性、改善当地空气质量、减少二氧化碳排放量、增加可再生能源占比、优化能源结构等。因此，区域能源已在全球越来越多的城市中得到应用，主要体现在区域供冷和区域供热。

城市内区域供冷系统通过管道与冷藏相结合来供应冷水。冷水可以通过使用蒸汽轮机驱动或吸收式制冷机产生，吸收式制冷机的热量通常来自发电或工业废热；抑或来自湖泊、河流或海洋等自由冷却源；或通过电动冷却器产冷。区域制冷的效率可以是传统分散式制冷机（如空调机组）的两倍以上，并且可以通过降低功耗和使用蓄热器显著降低高峰需求时期的用电量。

城市内区域供暖系统经过100多年的发展已经从第一代发展到第三代，未来的城市供热标准被称为第四代系统，其能够在较低温度下运行，热损失更少，并且可以连接到具有低能量密度的区域（如具有许多低能耗建筑物的区域）。该系统可以使用各种热源，包括低等级的废热，还可以允许消费者提供热量。通过热量存储、智能系统和灵活供应，该系统可以提供成本很低的解决方案，可以创建将高水平可变可再生能源集成到电网中所需的灵活性。与传统的中心站相比，第四代系统更靠近负载中心和发电机，通过多个点增强对网络的可访问性，使网络更加灵活。

城市内区域供电系统主要通过微电网实现。微电网是指由分布式电源、用电负荷、配电设施、监控和保护装置等组成的小型发配用电系统（必要时含储能装置），分为并网型微电网和独立型微电网，可实现自我控制和自治管理。并网型微电网既可以与外部电网并网运行，也可以离网独立运行；独立型微电网不与外部电网连接，电力电量自我平衡。微电网系统的组成部分主要包括电源、电力管理系统、储能系统、用电设备、对外连接系统。

3.1.2　我国城市能源整体现状及运行模式基本特征

1. 我国城市能源整体现状

根据《中国城市能源报告（2018）——总体特征与样本发现》研究成果，我国城市能源消费总量特征呈现两个高度集中：第一，能源消费高度集中于城市；第二，城市能源消费集中在东部沿海发达地区和数个区域中心城市。

城市终端能源消费结构中煤炭和工业用能占比高，2016年，我国城市终端能源消费结构中，煤炭占比 38.5%；城市用能结构中，工业用能占比 70.7%，与发达国家相比，我国工业用能占比总体超过约30个百分点。

城市能源供应主要依靠能源远距离外调。为了满足城市日益增长的能源需求，包括煤炭、天然气在内的大部分一次能源和电力等都需要从资源集中地送往负荷中心，与国外城市相比，我国能源供应更多地需要远距离外调。我国分布式能源得到长足发展，但在能源供给中的作用仍需大幅提升。

2. 我国城市能源运行的基本特征

从城市能源运行来看，由于我国能源富集区域与负荷中心的逆向分布，我国城市能源运行呈现鲜明的特征。

第一，集中式生产、大范围输送、集中消费。由于我国城市规模大，且大部分远离能源富集区域，我国大部分城市存在能源大规模输入，形成了城市能源供给在空间上集中式生产、大范围输送、集中消费的典型特征。

第二，“点-线”式供应模式。在传统模式下，城市能源领域形成了分别以煤炭、石油、天然气、可再生能源等部门为核心的一个个相对独立的子系统和产业链条。这些集中的“点-线”式供应系统经过长期建设，对内不断强化上下游之间的刚性关联，对外又相对独立，久而久之形成了“能源竖井”。“竖井”系统为保障供应安全，通常设置过高的备用率，且下游用户基本无选择权。

第三，供给侧主导。城市能源系统中供给侧处于主导地位，终端能源消费环节属于被动式消费。能源用户无法实现能源系统的有效参与，也无法根据自身用能结构特点选择最优的能源消费方案。

第四，信息整合度低，多能源间缺乏协调优化，用户参与度低。能源信息在各自能源链条以及能源网链间没有实现双向互动，终端能源消费环节缺乏信息回路和系统集成，更没有实现多种能源供需端间的动态协同优化，也难以实现多种类型和多户群的能源信息互联互通、信息共享及能源供需平衡动态调整与优化。

第五，以产品为中心的服务模式。传统城市能源运行模式下，能源供应商提供的服务多是上游企业的附属业务，往往围绕上游企业的产品营销开展，服务模式是以产品为中心。

第六，盈利模式单一。城市能源系统盈利主要依赖传统的价格差模式，为用户提供的增值服务较少。

随着第三次工业革命的到来，过去集中式大生产、大运输、集中消费的模式将被颠覆。杰里米·里夫金的《第三次工业革命》一书把当前世界范围内以新能源和可再生能源取代传统化石能源的新型能源体系变革定义为“第三次工业革命”。第三次工业革命是以分布在世界各地、随处可见的可再生能源为基础，如太阳能、风能、水能、地热、生物质能、海浪能和潮汐能等，这些分散的资源被数百万个不同的能源采集点收集起来，通过智能电网进行整合、分配，最大限度地实现能源的有效利用并维持经济的高效和可持续发展。

在第三次工业革命浪潮的冲击下，我国城市能源运行模式将发生颠覆性的变革。

3.2 城市区域能源运行模式变革探索——基于青岛中德生态园的实践

青岛中德生态园是中德两国政府建设的首个可持续发展示范合作项目，园区推进能源运行模式创新，逐渐探索出具有园区特色的区域能源运行模式。本节以青岛中德生态园能源实践为例，总结城市区域能源运行模式的创新。

3.2.1 园区能源模式探索阶段：基于泛能网的实践

泛能网是利用能源和信息技术，将能源网、物联网和互联网进行高效集成，融合了分布式天然气热电联供和多种可再生能源的现代能源体系解决方案，改变了传统的能源利用方式。泛能网由能源层、控制层、互智层三层网络结构组成。其主要系统构成包括泛能机、泛能站、泛能能效平台、泛能云平台。泛能机能实现多种化石能源、可再生能源、环境势能等的多源输入，同时完成气、电、冷、热等多品位能源的输出。泛能站和泛能能效平台通过燃料化学能的梯级利用及对环境势能的借势增益，将整体能源利用效率提升至85%以上。泛能云平台基于大数据和云计算，发现价值交换机会，提供运维、交易、数据等服务，实现能源、资源价值的最大化。

中德生态园泛能网系统是园区第一次能源规划提出的核心概念，根据规划，园区在充分利用清洁能源和可再生能源的基础上，建立化石能源与可再生能源的循环利用、集中式与分布式相结合、独立系统和混配系统相耦合的“1托*N*式”泛能网系统，形成以若干个子泛能站为中心的泛能微网和以区域泛能站为中心的区域泛能网的能源供应网络。通过各种资源与能源进行合理混配，园区从能源的生产、储运、应用与再生四个环节提高能源综合利用效率，降低污染物的排放，提升能源系统的运行保障水平和生态园区能源供应系统的智能化水平。

其中，能源生产端：在能源生产端建设“1托*N*式”的泛能结构模式。将园区周边部分的市政电力、市政气网、市政自来水以及热力与热电引入区域泛能站与各子泛能站内，作为区域泛能站与子泛能站生产应用环节所需资源的动力来源。

能源储运端：在生态园区内建设液化天然气/压缩天然气站、在各子泛能站内建设储冷热装置和光伏、风电的储电装置。运行时，对园区用能实行削峰填谷的同时保障园区尖峰用能，这不但大大减少了整个能源系统的供能规模，而且大大降低了日后运行费用。同时对储运系统中的“运”进行优化设计，采用管网系统将区域泛能站与子泛能站以及子泛能站之间进行相互连接，彼此之间相互调配的同时又互为保障，这又间接提高了各子泛能站的用能安全。

能源应用端：在用能端，采用时空互补的用能方式，白天住宅不用的能量调给办公、商业以及工业区用；夜晚则正好相反。同时在建筑内部采用地板辐射采暖的供能方式，这在降低供热介质温度的同时，提高了终端用能的舒适性。实际运行时对终端用能进行全天不间断的监控，并对监控的数据进行数学模拟、分析，并用所得的结果指导能源生产端的生产。同时终端用能建筑必须严格执行国家相关规范，各项建筑指标必须达到国家绿色建筑指标体系中规定的数值。

能源再生端：在再生端，回收区域泛能站、子泛能站以及工业的部分余热资源。通过设置循环水热泵，提高余热资源的品位供应给用能端。同时系统还对生态园区内居民的垃圾和污水进行分类、处理。回收处理后的垃圾资源用来做生物质发电的同时将会提供部分的有机肥料给附近农田用。

以上能源利用的四个环节和“1 托 *N* 式”泛能站建设完成后将引进泛能运营中心，并在泛能运营中心的统一优化、控制与调度下完成能源从生产到储运、应用，再到再生的循环运行。

泛能网具有多种能源融合、以分布式为主体、设施互联互通、需供充分互动、实时调度交易、储能技术支撑六大特征。其内涵是为用户提供多能互补的泛能站或泛能机解决方案，利用信息网和气、电、热、水等物联网，搭建各类能源设施互联互通的能源物联网，形成以人工智能为支撑，多能源智慧调配，互联网能源共享的新生态。该模式突破了传统能源系统以供给为核心，一对一单向的供能思维，是“互联网+”智慧能源深度融合的有益探索。

作为探索构建符合现代能源体系的能源模式的一种尝试，中德生态园采用泛能规划牵引网络迭代模式，以泛能规划为引领，打破传统能源分项规划模式，与园区产业规划深度融合，引导荷、源、网、储的整体优化布局，构建泛能区域网。

泛能网系统以燃气—蒸汽联合循环（natural gas combined cycles，NGCC）机组为基础，组成天然气热电联供系统，并辅助设置光伏光热等可再生能源系统和循环水热泵系统。但由于区域用能负荷需求的不确定性和节能技术的发展应用，分布式天然气热电联供系统的建设规模难以准确预测，无法发挥系统能源高效综合梯级利用的优势，加之其经济性较传统燃煤热电联产有很大差距，政府制定清洁能源扶持政策相对滞后，导致分布式天然气热电联供系统成本较高，用户接受度和认可度不高，在一定程度上制约了天然气热电联供系统的建设和应用。

3.2.2　园区能源模式探索阶段：基于多能互补集成优化

为了推动集中式与分布式相结合的能源综合利用模式创新，构建“互联网+”智慧能源系统，提高能源供需协调能力，推动能源清洁生产和就近消纳。国家发展和改革委员会、国家能源局于 2016 年印发了《国家发展改革委 国家能源局关于推进多能互补集成优化示范工程建设的实施意见》，提出加快推进多能互补集成优化示范工程建设，创新终端一体化集成供能系统管理和运行模式。同时，随着国家电力体制改革的推进，特别是增量配电改革逐渐破冰试水，基于技术创新和运行模式创新的能源综合服务业务日益成为能源领域发展的新业态。中德生态园积极与有关能源企业合作，继续探索园区新的能源综合利用模式。

1. 泛能微电网电力供应新模式

中德生态园在已建成子泛能站的基础上，继续探索建立泛能微电网电力供应新模式。该模式以现有关联用户为基础，考虑未来新增关联用户构建区域能源网络，将园区内所有的冷、热、电关联用户及有效的储能设施纳入区域能源网络统一管理之中。区域能源网络连接三大能量网络：燃气、电能以及热能。中德生态园能量来源以管道燃气、大电网外购电能、泛能站与分布式光伏供电/热能为主，并辅助以储能电站、冷/热储能系统以及电动汽车闲置期间提供的部分电能。

规划建设的综合能源协调管控系统具备多能源运行监测、多源协同优化调控、综合能效管理、多能源态势感知和风险平抑、多能源预警和指标管理等功能，一方面，通过能源信息的有效交互，让用户了解当前能源运行状态，提高用户参与度；另一方面，基于采集的大量信息，并通过对用户用能行为检测数据的分析，深入挖掘用户用电量与天然气、油、热、冷等其他能源间此消彼长的耦合信息，制订更加有效的多能源协调控制方案，实现可再生能源的有效消纳，有效调整和平衡区域能源供需结构，推动节能减排，降低能源消耗，提高能源利用效率，提升能源管理运营水平。同时，支持多种能源需求侧响应机制的开展，实现用户侧能源的优化管理。根据用户用电要求和电网安全可靠运行需要，通过采取灵活的电价、经济补贴等激励政策和构建基于价格的需求响应机制与基于激励的需求响应机制，实现用户主动参与、深度市场化的需求响应。

泛能微电网充分运用智慧能源网等新型能源科技，发挥天然气与光伏分布式供能的梯级综合利用、多能互补、节能环保以及提高供能可靠性保障的优势，通过建设并启动区域泛能微电网、成立综合能源供应服务市场主体，集合园区内有冷、热、电等多种用能需求的企业作为关联用户，实现产用能就地平衡、多能动态互补和高可靠性供能，产生显著的综合利用、节能降耗、减排环保效益。

2. 多能互补综合能源技术实验室

中德生态园多能互补综合能源技术实验室是国家电网有限公司依托青岛中德生态园多能互补综合能源示范工程，计划在分布式能源、多能互补综合能源系统、光伏/储能分布式发电、冷热电综合供给关键设备、综合能源运营服务等技术领域进一步加强实验和研发能力，着力打造的山东省综合能源服务重点实验室。

（1）分布式能源关键技术研究中心：开展风电、光伏、生物质发电等分布式发电系统的规划、接入、设计、运行控制，以及微电网（群）规划、设计、运行控制等关键技术研究及科技项目攻关。

（2）多能互补综合能源技术研究中心：开展多能互补综合能源系统规划设计、综合调控、独立供电及能效评估关键技术研究，并进行相关科技攻关。

（3）光伏/储能分布式发电系统研究中心：开展光伏组件检测、储能单体检测、储能系统检测、逆变器检测效率检测、逆变器电能质量检测、逆变器防孤岛检测等。

（4）冷热电综合供给关键设备研发检测中心：开展分布式发电、微电网及冷热电综合供给设备研发，实施就地监控终端测试、网络通信设备等关键设备检测工作。

（5）综合能源运营管控服务中心：开展综合能源系统的实时监测和运行调度、生产运营管理、采集计量计费、能效审计分析、能源交易服务、信息发布互动等，同时对信息通信、数据机房和监控终端等设备进行运行维护，实施综合能源系统相关设备、管网现场巡查、故障处理及分析等工作。

3. 多能互补综合能源技术模式

以综合能源效率最大化、冷热电负荷就地平衡调节、综合能源高可靠供给、供能经济合理且具有市场竞争力为主要目标，通过自主投资、能源托管或租赁等多种方式建设冷热电联供系统、光伏发电系统、储能系统、地源热泵/空气源热泵、分散式风电等分布式能源系统，利用冷热电联储系统实现热电解耦，构建多能互补分布式能源综合供能系统，通过开发多能互补分布式能源综合管控平台，实现多类型分布式能源的协同互补开发，满足区域用户的冷热电等多种能源形式的高效、高可靠综合供给。同时，基于涵盖配电网、多种分布式能源、用户用能特性和用能需求等实时运行数据的多维信息模型，搭建多元信息交互的综合能源管控与服务平台，集成需求用能智能响应、用能咨询、用能监测、用能培训、个性化供能设计、能效诊断、用户能源托管、能源交易等功能模块，开展冷、热、电、储等多种能源形式的综合交易，从而构建兼顾能源供应商、配售电公司、多元用户、园区管理委员会等多主体合作共赢的多能互补综合能源系统市场化运营模式。

3.2.3　中德生态园能源运行模式总结

第一，构建了化石能源与可再生能源的循环利用、集中式与分布式相结合、独立系统和混配系统相耦合的“1 托 N 式”泛能网系统，形成以若干个子泛能站为中心的泛能微网和以区域泛能站为中心的区域泛能网的能源供应网络雏形。

第二，开展了微电网和多能互补综合集成等分布式能源技术研发和应用，外购能源输入为主、分布式能源为辅的能源运行模式初步形成。

第三，能源系统未能实现气、电、冷、热等多品位能源的输出以及能源多级综合利用；仍未构建基于价格的需求响应机制和基于激励的需求响应机制，未能实现用户主动参与；未能实现基于客户用能特征提供整体能源需求解决方案。

第4章　能源革命中的新技术发展动态

4.1　能源领域新技术

4.1.1　能源区块链

能源行业中区块链技术应用涉及五个领域：分布式能源、电动汽车、能源交易平台、碳追踪和注册、新兴市场的能源交易。

1. 分布式能源

区块链可以将可再生能源和其他分布式能源添加到电力系统中，提高分布式能源的可视化和控制性，以满足日益复杂的电网运营需求。

2. 电动汽车

通过区块链的使用，能够为具有私人充电设备的车主提供补贴激励，使私人充电设备可以共享给公众使用，车主可以自己设定充电价格，使用区块链来处理所有计费、支付和身份验证问题。区块链收集的数据可以帮助公共事业和运营商管理与电动汽车增长相关的电能质量和系统充足性问题，还可以与智能电表进行交互，增强其在管理与充电器速率、位置和使用数据等方面的作用。

3. 能源交易平台

区块链的核心优势与能源交易，以及与能源领域数字化相关的许多变化非常吻合，利用区块链可以实时地分析大数据，从而更好地为交易策略和定价决策提供信息。

4. 碳追踪和注册

区块链的核心能力与围绕开发、部署及管理排放跟踪和交易系统的诸多挑战保持一致。作为交易数据的可信存储库，区块链可用于简化交易，加强验证过程，并消除对昂贵的集中管理的需求。

5. 新兴市场的能源交易

区块链可以创建一个可信系统来处理能源交易，包括计费和结算。对于农村地区，区块链可以管理能源信息的生成和使用，可以监控和清除事务，而无需第三方机构来控制智能仪表和验证数据，从而极大地提高市场参与者的易用性，同时提高信任度并创造价格套利机会。

4.1.2 3D 打印

3D[①]打印在制造方式上具有的显著优势可以有效辅助油气资源准确评价。例如，3D 打印用于地质建模直观描述复杂地质构造，指导实际工程开展，提高储层评估的准确性；3D 打印制备高精度模型，可模拟岩层内部孔隙网络结构，用于CT[②]等常规手段的检测及研究，可计算其孔径分布和孔隙度等重要参数；3D 打印替代传统浇筑方法，制作力学实验试件，可用于研究岩石节理面以及裂隙试件的抗剪强度，分析其应力变形和弹性模量等力学性能。

4.1.3 人工智能

1. 能源生产的商业和供应智能化

人工智能能针对能源生产、能源电网平衡和消费习惯等方面提供独特的解决方案。

2. 电网管理智能化

人工智能技术将不断收集和整合来自数百万台智能传感器中的数据，并从大型数据集的模式和异常现象中进行自主学习，以便能够及时地做出决策，以最好的方式分配能源资源。目前，电网公司已经在电网故障警报系统配置了相关技术。

3. 利用人工智能分析消费模式

在能源领域，人工智能的高价值体现在需求管理，因为人工智能可以帮助能源企业了解产业链下游最终客户的消费模式，了解消费者的习惯、价值观、动机和个性有助于进一步增强市场的平衡和有效性，还可以更有效地制定政策。

---

① 即 3-dimension，三维。

② 即 computed tomography，计算机断层扫描术。

4.1.4　电燃料

电燃料（e-燃料）是以电力作为主要能源生产的液体和气体燃料的统称。电燃料用二氧化碳、氮、水等常见成分合成可充当燃料或原料的化合物。如果电力成本足够低，长期来看电燃料将可能成为传统燃料的替代品（如 e-柴油），现有燃料的空间将受到严重挤压。

电燃料与现有的工业基础设施和供应链相兼容，并能以低成本有效储存。二氧化碳转化为液体燃料或化学品需要大量能量，且要来自可再生能源（如风能和太阳能）或直接来自集中式太阳能（如太阳能燃料）。低成本高效催化剂的开发非常重要，开发速度已经随着材料科学和人工智能的进步而加快。

4.1.5　能源互联网

在大数据时代，能源行业的数字化转型已然大势所趋。能源行业的数字化转型就是发展数字能源，即利用数字技术，引导能量有序流动，构筑更高效、更清洁、更经济、更安全的现代能源体系。

“十三五”期间，我国能源互联网重点研究领域研究包括：风光等资源监测和电源功率预测，大规模分布式发电及储能与配电网交互影响，分布式发电系统新型变流控制技术，分布式电源群控群调关键技术，基于虚拟电厂的高渗透分布式电源消纳技术，以及适应分布式电源、零售电等大规模应用的新型互动营销技术；多能融合能源系统的整体建模及分析技术，面向电网、气网、热网等的多物理量信息归一化处理技术，多能源形态能量的量测、计算、预测及控制技术，多能融合能源系统中支持虚拟电厂及需求响应的动态平衡技术；支持多元交易主体、多元能源商品复杂交易类型的能源交易平台，支持分布式、并发式交互响应的实时交易方式和能源期货交易模式，互联网虚拟能源货币认证、定价、流通、交易与结算等关键技术。

4.1.6　可控核聚变技术

可控核聚变俗称“人造太阳”，核聚变的材料是氢的同位素氘、氚，其在海水中具有丰富的储存。核聚变不会产生核裂变所出现的长期和高水平的核辐射，不产生核废料，也不产生温室气体，基本不污染环境。我国全超导托卡马克核聚变实验装置 EAST 旨在通过可控核聚变来提供源源不断的清洁能源，被称为“人造太阳”。一旦实现商业发电，将从根本上解决人类能源问题。聚变堆是我国核电远期发展战略。2016 年，中国科学院合肥物质科学研究院“人造太阳”EAST 物理实验获重大突破，首次实现持续时间达 102 秒的超高温长脉冲等离子体放电，为当时世界最长。“十三五”期间，我国开展了中国聚变工程实验堆的详细工程设计，并结合已有物理设计数据库在 EAST、“中国环流器 2 号改进型”（HL-2M）托卡马克装置上开展与中国聚变工程实验堆物理相关的验证性实验；开展聚变堆关键技术预研，发展氚技术、聚变材料等国际热核聚变实验堆未涵盖的聚变堆技术。惯性约束聚变能方面，围绕 Z 箍缩驱动聚变裂变混合堆总体技术路线的解决方案，获得关键技术与参数验证结果，为 Z 箍缩驱动聚变裂变混合堆的方案制订、设计和研制提供核心的技术支撑，重点开展局部整体点火靶、重频驱动器、次临界包层、材料等关键技术研究。

4.1.7 超导风力发电机

在风力发电机中用高温超导体来代替普通电机的铜线圈作为电机励磁绕组，为风力发电提供了轻量化选择。高温超导材料的低电阻甚至是零电阻的特点能够有效提高发电效率。从理论上说，对于相同容量的发电机，高温超导发电机的重量可以降低为常规电机的 1/2 至 1/3，这对需要把大功率电机安放到十几米甚至更高位置的风力发电机来说，可以极大降低风电场的建设成本；如果保持发电机的体积、重量不变，高温超导发电机的容量可提高数倍，从而有效降低风电场的发电成本。超导风力发电机还有同步阻抗低、噪声低、谐波含量少、维护简单、励磁绕组不易产生热疲劳等优点。

4.1.8 低频率波浪能发电技术

利用电磁发生器和摩擦纳米发电机可以实现较低频率的波浪能发电。借助这一技术可以从平静、缓慢移动的大海吸引更多能量，放大波浪能的潜力。EMG 系统是现在最常见的波浪发电机，它针对的是快速移动的高频率洋流；而 TENG 发电技术可以捕捉低频率的洋流。通过这两种方法的结合，可以使海洋能的捕捉范围更广。美国佐治亚理工学院已发明了 EMG 和 TENG 混合动力系统。

4.1.9 煤炭气化和燃料电池混合系统

其核心理念是在一个系统中结合煤炭气化和燃料电池技术。两个系统都需要在 800 多摄氏度的高温下工作，把它们结合起来，由燃料电池反应释放的热量，支持煤炭气化所需热量，无须额外燃烧一部分煤炭来供给热量。在混合系统中，气化炉产生的气体燃料被导入一个分离的燃料电池堆。理想情况下，燃料电池和气化炉装在一个反应器内，这样高温气体就可以直接进入燃料电池。气体燃料和氧气在膜结构的分隔下，进行电化学反应产生电能，而不会直接燃烧。因为不涉及燃烧过程，所以可以减少灰分和其他气体污染物的生成。虽然这个系统也产生二氧化碳，但它是纯净无污染且与空气分离的二氧化碳气流，这是传统燃煤电站做不到的。美国麻省理工学院已经设计了这一高效利用煤炭发电的解决方案。其能源利用效率可达 55%至 60%。

4.1.10　最薄太阳能电池——超薄柔性砷化镓太阳能微电池

韩国科学家 Juho Kim 等推出了 1 微米超薄太阳能电池。电池虽然薄但转化率不低，与厚度约为 3.5 微米的太阳能电池相比，这款电池能够产生同样的电能，厚度却减少了约 71%。

韩国研究者尝试把无机复合半导体微电池设备和可弯曲或可延展的基板结合起来，通过减少电池的厚度来提高其柔韧性，为将这些微电池设备作为衣服、皮肤等可穿戴电子设备的便携式电源提供了可能性。减少微电子设备的电池厚度，有利于适应日常使用中电子设备各种被极端弯曲的场合。同时，可佩戴在身上的弹性电子设备通常都要求有持续的电源供给。

而此次实验结果和理论分析恰巧表明，超薄太阳能微电池在极端弯曲的情况下供电更持久。无论是在生产成本还是持续供电方面，它都具有极大的优势。这款电池的高柔韧性和轻质量的特性，将有利于推动可穿戴电子设备的生产，也可以放入衣服中为可穿戴设备供电。

4.1.11　下一代储能方案——Y.Cube 硬件产品

德国 Younicos 公司于 2014 年推出了公司第一款用于电网调频的硬件产品 Y. Cube。Y.Cube 主要由功率转换系统和锂离子电池构成，控制系统则是公司研发的行业领先的智慧储能软件控制系统。它大大降低了空间要求和系统维稳所需的成本。由于控制系统直接与电池系统进行调控，Y.Cube 缩短了电池响应时间，有效提高了转换效率和电网稳定程度。同时，通过与多个电池供应商进行合作，Y.Cube 的模块化设计可以整合不同的电池系统，并满足任何功率/能量比的要求。

为了确保最大的性能和适用于任何系统的要求，电池都在公司技术中心进行了严格测试。由于 Y.Cube 的尺寸较小，安装时不需要现场吊车，因此可节省大量时间和资金。完成安装后，Younicos 将通过位于德国的控制中心对系统进行 24/7[①] 的监控管理。

4.1.12　用太阳能采石油——Miraah 太阳能蒸汽站

尽管新兴的太阳能和传统石油资源在消费上有着相互竞争的关系，但两者也有望通过特殊方式“互惠互利”地结合到一起。据报道，阿曼石油开发公司在石油生产中采用了太阳能技术，该工厂被称作 Miraah，由 Glass Point 为阿曼石油开发公司打造。其能够产出相当于 1 吉瓦的能量，以取代当前所使用的天然气烧水法。

与传统太阳能发电厂用热量来产生蒸汽并驱动汽涡轮机的方式不同，Miraah

① 即一天 24 小时，一周 7 天。

项目的核心是用曲面管道来烧水。其产生的蒸汽会被运送到附近的油田，给重油加注以使其更轻松地被抽到地面。为了提高原油采收率，企业主要通过蒸汽来加注重油，以降低其黏度。

Miraah 太阳能蒸汽站的最大益处是环保，用它来取代低效的天然气烧水法，有望每年节省 1.69 亿立方米的天然气。

4.1.13 效率高且尾气净——GE 9HA 燃气轮机

燃气轮机是一种通过燃烧将连续流动的气体作为工质带动叶轮高速旋转，即将热能转换为机械工的旋转式热力发动机。

作为世界上最大的燃气轮机生产销售商，通用电气（General Electric，GE）公司拥有产品门类和系列最齐全的燃气轮机产品。2014 年全球燃气涡轮提供的电力中，GE 占比 51%，位列第一，远高于分别占比 23%、13%和 7%的第二位、第三位、第四位。

GE 9HA 燃气轮机是 GE 主推的一款产品，具有先进的空气冷却技术，可承担基本负荷和调峰负荷。简而言之，GE 9HA 的特点就是效率高、尾气净，配有 6 个传感器进行每秒 8000 个数据点的监测。截至 2015 年 4 月，GE 9HA 燃气轮机已经接到 10 亿美元的订单。

4.1.14 氢燃料电池首选——质子交换膜燃料电池

质子交换膜燃料电池（proton exchange membrane fuel cells，PEMFCs）是一种燃料电池，在原理上相当于水电解的逆装置。

质子交换膜燃料电池具有工作温度低、启动快、比功率高、结构简单、操作方便等优点，被公认为电动汽车、固定发电站等的首选能源。在燃料电池内部，质子交换膜为质子的迁移和输送提供通道，使质子经过膜从阳极到达阴极，与外电路的电子转移构成回路，向外界提供电流，因此，质子交换膜的性能对燃料电池的性能起着非常重要的作用，它的好坏直接影响电池的使用寿命。

迄今最常用的质子交换膜是美国杜邦公司的 Nafion 质子交换膜，它具有质子电导率高和化学稳定性好的优点。质子交换膜大多采用 Nafion 质子交换等全氟磺酸膜，国内装配质子交换膜主要依靠进口。

4.2 建 筑 节 能

4.2.1 外墙保温技术

目前，在现代建筑工程施工中，主要的保温技术是外墙夹芯保温、外墙外保温、外墙内保温的综合运用，具体内容为：①外墙夹芯保温技术。该技术主要是将保温隔热性能良好的材料放置于外墙和内墙之间，墙面仍使用混凝土空心砌块，但这种建筑技术的抗震性能较差。②外墙外保温技术。该技术主要是将保温层涂抹在墙体外表面后再进行外墙的装饰施工，常见的保温材料为聚苯乙烯泡沫板一次现浇外墙保温系统和膨胀聚苯乙烯泡沫板，这种建筑技术可避免紫外线对建筑物的辐射，提高建筑主体结构的稳定性，抗震性能良好。③外墙内保温技术。该技术主要是将保温材料放置在外墙内侧，常见的内保温材料主要是砂浆、聚苯乙烯泡沫板等，这种建筑技术由于受外界因素影响较小、施工操作简单等被广泛应用于现代建筑工程中。

4.2.2 绿色节能技术

绿色节能技术主要是在建筑工程设计环节，充分利用清洁能源来代替不可再生能源进行建筑工程施工，通过降低建筑能源的消耗量来实现节能。绿色节能技术在实际应用中，需对建筑工程进行合理规划，以明确需要使用清洁能源的部位，提高清洁能源的利用率，避免出现浪费。一般情况下，科学合理的建筑节能设计即可实现清洁能源的高效利用，比如，重点设计建筑物的朝向，确保建筑朝向能获取充足的太阳光照，因此，建筑朝向设计需以太阳照射面作为主要参考依据，以确保建筑室内的温度和湿度；重视建筑的布局设计，需保证建筑物的通风性，以提高建筑物的居住舒适度。

4.2.3 太阳能节能技术

太阳能节能技术即利用太阳能电板将太阳能辐射转换为电能，并将其应用于建筑物供电中，该技术在建筑工程中的应用，对降低能源消耗、提高建筑工程资源利用率、实现建筑工程经济效益最大化等具有重要作用。一般情况下，太阳能节能技术在建筑工程中的应用形式主要分为以下两种：①主动式。该形式主要利用高效集热装置来收集太阳光照，并经过热媒将热量传送至室内，其可实现采暖、制冷、供热等功能。②被动式。该形式的基本设计原则为在冬季应确保使尽可能多的阳光热量进入室内，同时尽量减少室内热量向外部环境的散失；其主要利用玻璃或薄膜构成温室，以减少温室内对外界的直接对流散热，且所构成的温室朝向最好朝南，并与前栋建筑物之间留有足够的间距，防止遮挡冬季阳光，常见的温室设计形式有集热蓄热墙式、直接受益式等。

4.2.4 热泵技术

热泵技术的应用原理即以消耗低品位能源为主实现热能从低温热源向高温热

源的有效传递，其在建筑工程中的应用可充分提高能源的利用率，是实现低温余热回收、环境介质储存能量的重要措施。热泵技术主要包括空气源热泵技术和水源热泵技术，这两种热泵技术均是利用热泵原理对建筑室内的制冷和采暖进行调节，减少室内制冷、制热空调的使用，降低因空调使用而产生的能源损耗，进而实现打造节能建筑的目的。

4.2.5 建筑围护结构技术

1. 节能技术在墙体中的使用

一般情况下，墙体节能技术主要有两个形式，分别是保温隔热材料及墙体保温隔热的性质。保温隔热材料在进行选用的时候常常选择价格适当、导热系数比较小、密度轻的材料，不管是聚苯乙烯泡沫塑料还是其他的材料以及岩棉板等，都是目前外墙保温和屋面节能技术中经常使用的材料。就墙体的保温隔热性质而言，通常来说，墙体的保温主要分为外保温、内保温、自保温等。第一，外保温不但在施工中的使用比较便利，而且对墙体外墙的垂直度的标准不是很高，可以快速地完成施工；第二，外保温就是可以把温度导致墙体变形的概率降低，可以延长架构墙体的寿命；第三，自保温不但工序单一，施工便利，而且具有比较好的安全性能，是目前建筑节能工程发展的方向之一。

2. 节能技术在屋面中的使用

屋面节能技术是外围护结构的重要构成部分，屋面节能技术主要分成两种，一种是传统正置屋面，另一种是倒置式屋面。倒置式屋面可以有效地处理房屋渗透的问题，是目前房屋节能施工中主要使用的方法。影响屋面问题的因素比较多，不但跟外界环境相关，还与建筑物的主体结构有关。通常情况下，顶层房间的耗热量非常大，从建筑节能角度看，需要不断增强屋顶的热工性能。

4.2.6 暖通空调节能技术

1. 辐射型采暖空调节能技术

辐射型采暖空调主要包含底板辐射、天花板辐射等，辐射型采暖空调节能技术不仅能够防止吹风感，而且可以一起应用高温冷源和低温热源，可以不断提升热泵的效率。此外，在有低温废热的时候，把辐射型采暖空调安装上末端装置，可以节省标准的冷热源。

2. 采暖系统

城市供暖主要分成区域供暖和集中供暖，可以提高热效率。在管网系统中安装平衡阀，可以确保管网系统实现水力平衡，而且可以在最大程度上使得平局室内平均温度降低，进而实现节能的目的。

4.3　交通节能

4.3.1　智慧交通

智慧交通是指以交通信息中心为核心，连接城市公共汽车系统、城市出租车系统、城市高速公路监控系统、城市电子收费系统、城市道路信息管理系统、城市交通信号系统、汽车电子系统、停车场管理系统等的综合性协同运作，让人、车、路和交通系统融为一体，为出行者和交通监管部门提供实时交通信息，有效缓解交通拥堵，快速响应突发状况，为城市“大动脉”的良性运转提供科学的决策。智慧交通以信息的收集、处理、发布、交换、分析、利用为主线，为交通参与者提供多样性的服务。如动态导航，可提供多模式的城市动态交通信息，帮助驾驶员主动避开拥堵路段，合理利用道路资源，从而达到省时、节能、环保的目的。

4.3.2　交通节能减排智能化分析技术

2015 年北京市交通行业节能减排中心、北京交通发展研究中心和北京市交通信息中心共同完成了北京市交通领域节能减排统计与监测平台项目，此项目还荣获了中国智能交通协会科学技术奖一等奖。

据悉，该平台可以对包括实时交通运行数据、车辆时空定位、车辆基础状态、车辆能耗、车辆工况和能耗排放检测数据等海量数据进行同步采集、快速处理，借此积累了大量数据、图谱及模型方法，从而实现对交通节能减排的微观监测、宏观分析、政策评价及决策支持。

4.3.3　“四新”技术打造绿色低碳公路

“四新”即新技术、新材料、新设备、新工艺。集成“四新”技术应用，采用修复性再生封层、碎石封层、微表处、开普封层等预防性养护技术处治路面病害。采用节能环保新材料温拌剂，解决油补坑槽运输距离远、沥青料温度低的难题。采用添沥生新材料对裂缝、泛碱桥涵病害进行预防性养护。积极回收路面废料进行集中堆放，并重复利用，推进绿色养护，达到节能减排、绿色环保的目标。

第二篇

能源革命推动京津冀协同发展

第 5 章　能源革命推动京津冀协同发展

2014 年 2 月 26 日，习近平在北京主持召开了京津冀协同发展座谈会。会议一再强调，实现京津冀协同发展是面向未来打造新的首都经济圈、推进区域发展体制机制创新的需要，是探索完善城市群布局和形态、为优化开发区域发展提供示范和样板的需要，是探索生态文明建设有效路径、促进人口经济资源环境相协调的需要，是实现京津冀优势互补、促进环渤海经济区发展、带动北方腹地发展的需要，是一个重大国家战略①。2015 年，《京津冀协同发展规划纲要》的颁布促使京津冀协同发展战略进入落地环节，天津市和河北省也主动承接因北京疏散非首都功能而外迁的众多企业。2017 年，为深入贯彻京津冀协同发展战略，京津冀三地发展和改革委员会共同研究制定了《京津冀能源协同发展行动计划（2017—2020 年）》，该行动计划是为贯彻落实《京津冀协同发展规划纲要》和《京津冀能源协同发展规划（2016—2025 年）》，对近期目标任务的进一步深化和细化。

随着京津冀地区的经济发展速度变快，能源消费过量和能源开发过度的问题也随之产生，三地之间的差距也逐渐扩大。而对于京津冀地区来说，其所面临的能源问题更加严峻。在能源消费总量方面，京津冀区域能源消费总量占全国比重略高，消费结构也存在不合理之处；在能源效率方面，北京能源效率居三地之首，其次是天津，河北最后，三地在能源效率方面差距较大，并且从京津冀整体来看，能源效率不高；在能源与经济关系方面，三地产业发展形成市场分割的局面，无法形成配套的产业链，竞争与合作关系不清晰，区域间的产业存在一定程度的重叠，且能源消费过度、效率低下的问题也随着产业结构不合理显现出来；在能源与环境关系方面，京津冀面临着水资源污染甚至是生态失衡的环境问题，其中长期困扰人民生活的雾霾问题最为严重，这些问题都可以归结到煤和石油等一次能源的消费过多与较低的能源效率上。总的来说，三地间能源分配不均及能源短缺

① “平语”近人——习近平解题京津冀协同发展，http://www.xinhuanet.com/politics/2017-02/24/c_1120521126.htm[2020-12-20]。

问题，导致北京功能繁多、交通不便，天津众多资源外流，河北产业结构不合理。同时，京津冀严重的环境问题使能源、环境与经济之间的矛盾更为剧烈。因此，推动京津冀地区能源协同发展，有利于缩小区域内差距。

一方面，作为国家推动的重点区域发展战略，京津冀协同发展应着重重视产业升级和转移、交通一体化以及生态环境保护。产业发展在一定程度上依赖能源，产业转移也将不可避免地导致能源消耗转移和碳排放转移。另一方面，为了推进该战略，国家和地方纷纷制定了相关政策制度，要求坚持以提升能源效率为核心，遵循“高效、低碳”的要求，实现总能耗的合理控制、能源结构的优化、能源发展模式的转变。因此，尽快解决京津冀地区的能源问题是解决京津冀的能源、经济、环境之间的矛盾以及国家顶级发展战略的要求。然而，新能源的投资、开发和利用需要较长的建设期，尽管抑制能量需求可以达到节能的目的，但它同时也放慢了经济发展的速度。因此，当今京津冀地区要想实现能源领域的长远发展，必须要提高能源利用效率。所以，探索如何在实现三地整体能源领域优化的同时，还能够降低能源资源的消耗，并防止环境污染的跨区域转移，尽可能地缩小三地间能效差距，使北京的压力得到缓解，带动天津与河北的发展，提供有效的指导性发展战略和建议来促进京津冀的协同发展，是我们研究京津冀地区能源问题的主要意义和价值所在。

5.1 能源革命的意义

5.1.1 顺应世界能源变革潮流，明确能源革命的重大意义和战略取向

第一次工业革命以来，能源消耗日益增长，并且给能源资源和生态环境带来了巨大的威胁，从而进一步引发了气候变化等各类全球性问题。全球的气候变化威胁着全球生态系统的安全以及地球人类社会的持续发展。此外，当代社会的发展使得传统以化石能源为支柱的体系和发展模式难以持续下去。因此，传统的能源体系需要在世界范围内进行变革，主要表现为：第一，倡导节能，利用当前先进的技术提高能源资源的使用效率，并降低对化石等资源的消耗；第二，注重开发新型和可再生能源，优化传统的能源消费构成。此外，《巴黎协定》指出到 2100 年要达到全球范围内控制温度提升在 2℃以内，并争取达到 1.5℃的目标，还对全球温室气体的排放量做出了严格的规定。

促进能源体系的革命性变化已成为各国和地区能源战略中的重要领域。例如，欧盟计划 2030 年前降低能源消耗 30%，并提出 2030 年前，可再生资源能源比例

占到总能源的 27%，其中 50%的电力供应将来自可再生能源[①]。德国计划在 2030 年之前将碳排放量在 1990 年的基础上减少 55%，在 2050 年之前减少 80%到 95%[②]。美国能源部预测 2030 年之前光伏发电在发电总量中占据的比例会达到 20%，到 2050 年之前将会翻一倍[③]。

我国当前经济社会的发展也面临着日趋严重的资源环境问题。随着人们生活水平的不断提高以及经济的迅猛发展，我国在能源领域的消费总量也在随之增长，这使得我国对国外石油、天然气等资源的依赖程度不断提高，在能源安全方面遇到了重大挑战。此外，在使用煤炭、石油等非清洁能源的过程中会产生大量的污染物，这些常规污染物会导致严峻的生态问题。我们要实现改善大气、水资源、土壤等资源质量的目标，除了制定严格的排放标准和加强治理控制措施以外，更重要的是降低化石燃料在能源消耗中所占的比例，并限制重度污染物的排放。

世界能源变革将会推动世界各国经济发展向低碳型经济迈进。随着可再生能源的不断发展以及先进能源技术的逐步推广，其成本已呈现出快速下降的趋势。因此，我国应顺应此次世界能源变革的进程，利用创新驱动来推动我国能源转型，进而增强我国在可再生能源开发和创新能源技术领域的竞争实力。只有这样，我国才能在以可持续发展为基础的新能源系统革命中占据先机，在世界的能源改革和应对气候变化的国际合作中成为主导力量。

5.1.2　以积极紧迫的能源革命目标为导向，推动绿色低碳转型

为有效促进我国的生态文明建设，推动人类与自然和谐共处，形成经济、社会与环境的共生发展局面，应积极从环境优化、循环发展和低碳经济三个方面设立能源革命目标，应以能源节约和能源高效为主要目标，重点关注能源生产和消费领域的变化。

建立清洁能源供应体系是能源革命的重中之重。因而，首先要提高能源消耗中新能源和可再生能源的比重。《能源生产和消费革命战略（2016—2030）》指出，到 2030 年，非化石能源占能源消费总量比重达到 20%左右，天然气占比达到 15%左右[④]。在能源总需求持续增长的背景下，清洁能源比例的稳定增长意味着清洁

① 欧盟新能源发展报告 2030 年前欧盟总能源使用量减少 30%，https://www.d1ev.com/news/zhengce/47643[2020-12-20]。

② 德国计划到 2030 年将碳排放量减少 55% 2050 年之前减少 80%到 95%，http://www.tanpaifang.com/jienenjianpai/2019/1014/65858.html[2020-12-20]。

③ 美国能源部：光伏发电量占比 2030 年达 20%，2050 年达 40%，http://www.360doc.com/content/17/1118/16/36538220_705028494.shtml[2020-12-20]。

④ 能源生产和消费革命战略（2016—2030），http://www.gov.cn/xinwen/2017-04/25/5230568/files/286514af354e41578c57ca38d5c4935b.pdf[2020-12-20]。

能源比例必须高于高碳能源的比例。到 2030 年，新建的非化石能源发电装机容量将达到 10 亿千瓦，这会变成重要的新兴技术产业。未来煤炭消费趋于饱和，通过增加清洁能源供应可以满足新能源需求。煤炭在能源消费中的比例将会持续下降，要努力提高煤炭利用效率，降低供电的燃煤消耗，2030 年超低污染物排放煤电机组占全国煤电总装机容量的 80%以上。可再生能源迅猛发展，天然气使用率上升，煤炭的消费比例将会下降。

《能源生产和消费革命战略（2016—2030）》重申，根据《巴黎协定》，我国提出了单位 GDP 的二氧化碳排放量到 2030 年比 2005 年降低 60%～65%，二氧化碳排放在 2030 年左右达到峰值，并争取尽早达峰，国内能源革命战略纳入了这一承诺目标。我国曾于 2009 年哥本哈根世界气候大会上提出建议：到 2020 年，实现 GDP 的二氧化碳排放较 2005 年下降 40%～45%，在 2015 年 38.3%的基础上，“十三五”再降 18%，力争 2020 年比 2005 年下降约 50%。为完成 2030 年下降 60%～65%的目标，每年的下降率需达到 4%以上。

2030 年，我国的二氧化碳排放将达到顶峰，意味着经济增长不再依赖化石能源，生态环境得到根本改善。控制能源消耗增长，实现非化石能源在 2030 年达 20%和 2050 年达 50%的目标将为我国二氧化碳排放达峰提供保障，确保我国在 21 世纪下半叶实现二氧化碳净零排放，走上低碳发展道路。

5.1.3 强化推动能源革命的政策措施，推动经济转型与产业升级

在经济新常态下，中国必须转变经济发展方式，推动产业转型升级，提高企业质量和效率，这将有助于促进经济发展模式的低碳转型和能源革命战略目标的实现。在供给侧结构性改革的背景下，企业生产模式将逐步向创新驱动转变，产品能耗逐步降低。随着产业结构调整，高耗能产业所占比例将下降，现代服务业和高新科技产业比例上升，促使单位 GDP 能耗下降。根据国家统计局公布的数据，2018 年全年能源消费量为 46.4 亿吨标准煤，清洁能源占比 22.1%，煤炭消费量占据了 59%。要想促进新常态下的经济转型，应推动落实能源革命政策。

推动技术优势转化为产业优势，对于未来智慧能源技术的开发十分必要。加速能源互联网与智能电网技术、储能技术、分布式能源技术的融合，研发核聚变等尖端技术，成为能源科技领域的佼佼者，彰显国家竞争优势；推动能源体制革命，强化节能减排的目标责任制；创新能源调控机制，建立健全能源法制体系，完善低碳发展的财税政策、资源环境税费制度和能源价格机制；形成统一开放、竞争有序的能源市场体系。

为应对气候变化，应加强全球合作，这有利于我国推动消费革命。我们应加强国家间的合作，促进能源产业对外融合，参与构建国际能源体系。加速以能源

为核心的南南合作，支持发展中国家的能源变革和气候变化应对能力建设，在全球能源和气候治理体制变革中发挥引领作用。

5.2　京津冀协同发展的重要性

京津冀城市群包括北京、天津以及河北的石家庄、保定、衡水、唐山、廊坊、沧州、秦皇岛、邢台、承德、张家口、邯郸。北京是中华人民共和国首都、直辖市，全国政治中心、文化中心、科技创新中心，东毗邻天津，其余皆相邻河北，占地面积 16 410.54 平方千米。截至 2018 年底，常住人口 2154.2 万人，地区生产总值达到 30 320 亿元①。

天津是直辖市、北方国际航运核心区、先进制造研发基地。东临渤海，西靠北京和河北，北面和南面接壤河北，面积 11 916.85 平方千米。截至 2018 年底，常住人口 1559.60 万人，地区生产总值达 18 809.64 亿元②。

河北是产业转型升级试验区、现代商贸物流基地。环绕北京，东毗邻天津，紧傍渤海，西靠太行山，东南部、南部衔山东和河南，东北部接壤辽宁，西北部、北部与内蒙古交界，面积 18.88 万平方千米。截至 2018 年底，常住人口 7556.30 万人，地区生产总值达 36 010.3 亿元③。

在京津冀地区协同发展规划中，将积极发挥北京的辐射带动作用，打造以北京为核心的世界级城市群。与河北雄安新区建设对接，建设高效的交通系统，加强对中关村科技资源有序转移、共享聚集的支持。与河北共同筹办好 2022 年北京冬奥会和冬残奥会，提升区域整体发展水平。构建交通互联互通体系，优化过境交通；建设好北京新机场，打造世界级机场群；深化联防联控机制，加强环境治理；推进产业转移，推动区域协同创新。

京津冀城市群发展存在两个重要问题。一是京津冀地区的经济水平仍然较低。虽然经济总量相对较大，但人均地区生产总值却低于长三角城市群和珠三角城市群。二是核心城市缺乏带动作用。京津冀存在两大核心城市，拥有大量低等级城镇，中等城市较少。北京市的城市功能、技术和产业开始向周边蔓延；天津市的发展以及滨海新区的建设，使其极化作用增强；经济实力不强的河北 8 个次中心城市，与京津的发展水平差距较大，接受辐射能力有限，难以分享中心城市群的发展成果。此外，京津冀还面临城镇体系发展不均衡、生态环境恶化、能效水平

---

① 数据来源：国家统计局。
② 数据来源：国家统计局。
③ 数据来源：国家统计局。

差异较大等问题。实现京津冀协同发展，创新区域发展体制，就要打造新型首都经济圈、实现国家发展战略的需要，提升能源整体效率。

以习近平同志为核心的党中央将京津冀协同发展部署作为重大战略，这是中国三大国家战略之一。实现京津冀协同发展，是创新区域协调发展机制的需要，是实现人口、经济、资源、环境协调发展的需要，同时也是实现京津冀区域优势互补、促进环渤海经济区发展的需要。京津冀协同发展正处于从工业化向城市化转型的关键时期，常规的区域发展方式对于京津冀三地的发展已不适合。根据国家、区域、京津冀三地的需求，京津冀协同发展应具有长远眼光，从大局出发。但与此同时，京津冀各地发展并不均衡，各地所面临的机遇和挑战各有不同。

近年来，虽然北京开始逐渐弱化国家经济中心的作用，意图缓解人口—社会—经济与生态环境的矛盾所带来的压力，但目前依然是全国的政治、文化、交通、金融、科技、教育、医疗卫生和企业总部集聚中心。天津虽力求成为中国北方的经济中心，但目前仍是大量的中低端加工制造业和原材料加工制造工业占据行业重要位置。河北作为原材料重化工基地和重要的旅游休闲度假区域，是京津高技术产业和先进制造业研发转化重要基地。

推动京津冀协同发展有利于释放北京非首都的核心功能；使各类要素资源在更大区域内按照市场规律自由流动和优化配置。对天津的意义在于可以在扩展产业优势的辐射范围的同时提升产业带动能力；发挥天然的港口优势；发挥金融创新优势；发挥政策环境优势，在京津冀经济发展中发挥带头作用。对于河北省来说，全面融入京津冀协同发展，对于加快经济增长具有重要的现实意义和深远的历史意义。

5.3 能源革命推动京津冀协同发展的必要性分析

5.3.1 能源革命推动京津冀协同发展的需求分析

京津冀作为我国的重要区域，其整体水平无疑会对全国的发展格局产生明显影响，也会影响我国在国际竞争与合作中的地位。考虑到京津冀协同发展战略的重要意义以及当前能源革命的大环境，在能源革命的大背景下如何更好、更快、更优地实现京津冀协同发展显得尤为关键。

1. 能源革命推动京津冀协同发展的路径和任务分析

常见的需求分析逻辑框架通常包括三部分：功能性需求、非功能性需求和约束性需求。常用的需求分析工具包括：Kano 模型、四象限法则、5why 分析法等。

结合京津冀协同发展的实际情况，能源革命推动京津冀协同发展的路径主要体现为：首先，明确京津冀协同发展过程中能源、经济与环境等方面存在的问题和不足；其次，了解能源革命的基本领域、技术要求、体制条件等；再次，建立能源革命对京津冀协同发展的支撑模型，将能源革命的具体内容与京津冀协同发展进行定向精准对照，从而保证能源革命全面涵盖京津冀协同发展的各个领域。

具体来看，能源革命推动京津冀协同发展的主要任务包括：①能源消费革命涵盖企业经营、居民生活的方方面面，通过影响地区产业结构、企业耗能比例、居民衣食住行等来为区域经济的长久发展打好基础；②能源供给革命直接制约着地区的发展命脉，通过影响地区能源进出口量、与其他区域的合作状况来对地区综合系统产生制约；③能源体制革命依赖于地区政府及相关部门、高校及科研院所、高新企业、中介机构等部门的高效配合，只有从内而外树立起统一和谐的体制机制，才能发挥能源革命对京津冀协同发展的推动作用；④能源技术革命通过当前的物联网、云平台、数据挖掘等技术为智慧城市的建设提供支撑，地区的核心竞争力离不开创新技术和创新人才，故而能源技术革命会为京津冀协同发展注入新鲜血液。

2. 能源革命推动京津冀协同发展的功能需求分析

按照功能性需求、非功能性需求和约束性需求三个维度构建起能源革命推动京津冀协同发展的需求分析框架，具体如表 5-1 和表 5-2 所示。

表 5-1　京津冀规划建设的能源革命需求

京津冀能源协同发展计划	能源革命相关领域支撑方向
能源战略协同	节约优先、立足国内、绿色低碳、创新驱动
能源设施协同	新能源汽车发展、充电桩规划、通勤高铁、能源装备即插即用
能源治理协同	减少小煤炉等分散低效利用，加强煤炭的合理利用，强化对京津冀区域的煤炭消费控制； 能源领域标准国际化
能源绿色发展协同	低碳清洁能源发展； 积极发展清洁能源； 提高天然气消费比重
能源运行协同	电能替代、公共电能服务平台建设、便捷用电服务、分布式电力交易平台
能源创新协同	能效技术提升、需求侧负荷管理方法创新、“互联网+”智慧能源、源—网—荷互动化
能源市场协同	形成主要由市场决定能源价格的机制
能源政策协同	深化能源领域法律法规体系建设，建立健全以“能源法”为核心，以部门法为支撑的完整法律框架体系； 深化能源领域管理方面改革，构建统一管理的能源主管部门； 深化石油、天然气价格形成机制改革，分阶段稳步推进天然气价格改革

表 5-2 能源革命推动京津冀协同发展的需求分析框架

京津冀协同发展	基本内容	能源革命需求分析	能源革命关键领域	能源革命
以首都为核心的世界级城市群	通过产业联系和市场联系带动广大内陆地区	借助线上渠道即能源交易平台，平衡区域产业发展，同时利用线下渠道即能源交易中心，调控区域资源流动	推进能源供给侧管理，优化能源生产布局	能源供给革命
	城市群内部各主要城市通过快速轨道紧密相连	构建高效便捷的能源交通体系	交通节能	能源技术革命
	高水平的文化公共服务覆盖城乡	建立能源服务支撑平台，实行农村能源革命，推动城乡居民衣食住行等领域的能源消耗改革	推动城乡电气化发展	能源消费革命
	城镇宜居、乡村美丽	打造城乡的能源—经济—生态系统，提高能源使用率，降低对环境的污染	创新能源科学管理模式	能源体制革命
创新驱动发展引领区	建成开放的区域创新体系，成为全国重要的创新高地和高新技术的辐射源	综合发挥地区高校、科研院所、高新企业、研发部门等机构的创新能力，进行能源体制机制的改革	加强能源科技基础研究	能源技术革命
	以创新驱动区域经济增长，形成可供借鉴的资源节约、环境友好型发展模式	审视当前能源利用的冗余环节和高污染环节，提高生产运作效率，降低污染物的排放	发展智慧能源技术，包括建筑节能、交通节能等	能源技术革命
	通过本地的需求结构升级拉动相关地区产业结构的提升，通过为其他地区提供高端装备和技术支持其他地区转型发展	加强区域合作，尤其是基于能源领域的垂直合作和水平分工	推进能源供给侧管理，优化能源生产布局	能源供给革命
	通过产业关联和市场联系，以高质量的增长带动“三北”乃至全国共同发展	整合区域各类资源，构建综合平台，实现能源创新改革		
	通过交通与经济深度融合，引领生产模式、生活模式变革，推动共享经济发展	建立从微观到宏观的能源支撑体系，涵盖居民生活的方方面面	推进节能减排，树立勤俭节约消费观	能源消费革命
协同发展体制机制改革先行区	通过财税体制、政绩考核制度改革等，建立利益共享机制	重视能源领域各区域、各部门、各机构的利益分配，建立合法有序的合作环境	创新能源科学管理模式	能源体制革命
	率先形成产品和要素自由流动的市场一体化格局	关注不同种类的能源在市场的流动情况，提高能源在市场竞争中的地位	构建有效竞争的能源市场体系，建立主要由市场决定价格的机制	能源体制革命
	率先实现基本公共服务均等化	将能源体系融合到生产生活体系中，切实发挥能源的保障作用	普及先进高效节能技术、推广应用清洁低碳能源开发利用技术	能源技术革命
	率先建成环境治理和生态保护的跨行政区联动机制	从源头上降低能源消费带来的污染，完善相应的法律法规，构建强有力的能源约束机制	建立健全能源法治体系	能源体制革命

续表

京津冀协同发展	基本内容	能源革命需求分析	能源革命关键领域	能源革命
生态修复和环境改善示范区	加大人财物的投入，健全包括生态补偿制度在内的生态环境保护机制	通过财政补贴、税收减免等手段，优化能源消耗结构，提高保护生态环境的意识	创新能源科学管理模式	能源体制革命
	扩大清洁能源供应规模	挖掘新型能源，加大清洁能源的开发和使用力度	实现增量需求主要依靠清洁能源	能源供给革命
	实现能源生产和消费方式的变革	双管齐下，借助传统和新型媒体的宣传方式，扭转长期以来的能源生产和消费模式	打造中高级能源消费结构，优化能源生产布局	能源消费和供给革命

“一核、双城、三轴、四区、多节点”高度概括了京津冀协同发展的空间格局。其中，“一核”指的是北京；“双城”指的是北京和天津；“三轴”指的是京保石、京津、京唐秦三个产业发展带和城镇聚集轴；“四区”分别是中部核心功能区、东部滨海发展区、南部功能拓展区和西北部生态涵养区；“多节点”包括石家庄、唐山、保定、邯郸等区域性中心城市和张家口、承德、邢台、廊坊、秦皇岛、沧州、衡水等节点城市。

可见，京津冀协同发展对能源革命的需求几乎涵盖了各个领域。故而，京津冀地区在协同发展的过程中，应当更加重视能源革命对区域经济、生态环境的推动作用，通过建立能源—经济—环境的生态系统，加强各区域、多部门间的联动，形成高效的互动机制，从而从根本上提高能源的利用率，减轻环境压力，并为后续的经济发展提供坚实的基础。

5.3.2 能源革命推动京津冀协同发展的 SWOT 分析

SWOT 分析法是基于内外部竞争环境和竞争条件下的态势分析，将与研究对象密切相关的各种主要内部优势（S）、劣势（W）和外部的机会（O）、威胁（T）通过调查列举出来，能够对研究对象所处的情景进行全面、系统、准确的评价，从而根据研究结果制定相应的发展战略、计划以及对策等。

1. 优势分析

1）京津冀三地存在资源互补性

长期以来，河北省持续为北京、天津两市提供矿产资源、工业原料、水资源、电力和农产品等资源。而北京在教育资源、科技实力、人力资本等方面优势明显，三地形成良好互动共赢关系。

2）交通基础设施通达

地理上的临近以及交通等基础设施的快速发展，为京津冀合作提供了良好的发展条件。如今，北京已建成大兴国际机场，将有效加快京津冀一体化进程，并且铁路、公路、机场、港口互联互通的立体化交通网络也已经初步建成。

3）区域协同创新发展

京津冀的区域创新体制初步建立，中央有关部门就打造京津冀协同创新共同体、促进京津冀创新驱动发展做出了工作部署。之后，中关村国家自主创新示范区同天津、河北共建了一批协同创新平台、科技产业园区以及创新基地，为京津冀更好的协同发展创造了有利条件。

2. 劣势分析

1）能源消费量大且能源供应相对不足

京津冀地区的能源储备有限，不能满足快速发展的需求，因而该区域主要通过外部能源调入以及进口来弥补需求缺口。

2）能源消费结构有待优化

虽然京津冀地区煤炭消费所占比重呈下降趋势，但仍在能源消费结构中占据较大比重，同时京津冀地区优质能源在能源消费结构中所占比例不高。

3）生态建设和污染治理缺乏系统规划

京津冀区域依然面临着自然资源过度开发和水资源污染严重的问题。这是因为在顶层设计中，缺乏全局性、系统性地将污染治理与生态建设有机结合的部署。

4）京津冀三地内部发展不平衡

在经济方面，北京、天津的发展远高于河北。在社会方面，北京、天津人民生活水平相对较高，而河北的城乡发展却极不均衡。在人才方面，发明专利和创新人才均聚集在北京、天津，河北的人才资源特别是高端人才资源则显得很匮乏。

3. 机会分析

1）国家大力支持京津冀协同发展

2014 年，京津冀协同发展上升为重大国家战略，国务院专门成立了京津冀协同发展领导小组以及相应办公室，同时还成立了京津冀协同发展专家咨询委员会，为高效推动京津冀协同发展提理论指导与智力支持。

2）全球新一轮能源革命正在进行

新能源和可再生能源将在能源结构中占据越来越重要的位置。太阳能光伏发电和风电的技术成熟度不断提高，碳捕集与封存技术、电池储存和非常规燃料提取技术取得突破式发展。

3）供给侧结构性改革提高了资源配置效率

供给侧结构性改革有利于解决京津冀地区突出的供需矛盾，实现区域内产业的合理布局，推动能源的优化配置，提高能源利用效率，为京津冀一体化高速发展创造了条件。

4. 威胁分析

1）地方保护主义阻碍协同发展

由于存在不合理的政府绩效考核体系，各地方政府会优先考虑自身利益而对协同发展有所妥协，这种地方保护主义会对京津冀协同发展产生不利影响。

2）大气污染联防联控，能源清洁化替代刻不容缓

虽然在北京、天津地区煤炭消费比重较低，但河北的煤炭消费所占比例较高，这导致京津冀地区大气污染问题愈演愈烈，必须大力发展清洁能源，还人民一片蓝天。

3）区域市场化程度低

京津冀市场力量落后，市场机制作用不能充分发挥，行政过多干预妨碍着生产要素的自由流动。

能源革命推动京津冀协同发展的 SWOT 分析如表 5-3 所示。

表 5-3　能源革命推动京津冀协同发展的 SWOT 分析

		优势（S）	劣势（W）
		京津冀三地存在资源互补性； 交通基础设施通达； 区域协同创新发展	能源消耗量大且能源供应相对不足； 能源消费结构有待优化； 生态建设和污染治理缺乏系统规划； 京津冀三地内部发展不平衡
机会（O）	国家大力支持京津冀协同发展； 全球新一轮能源革命正在进行； 供给侧结构性改革提高了资源配置效率	SO 战略：发挥三地资源互补优势，继续完善交通一体化，紧跟全球能源革命步伐，不断吸收新技术、新方法并进行内化创新，努力成为能源革命发展的引领者	WO 战略：把握机遇，弥补劣势。把握供给侧结构性改革的机遇，改善能源消费不合理的情况，建立良好的生态环境，实现高效、绿色发展
威胁（T）	地方保护主义阻碍协同发展； 大气污染联防联控，能源清洁化替代刻不容缓； 区域市场化程度低	ST 战略：利用优势，规避威胁，加快区域协同创新发展步伐，推进电力、热力等清洁能源的使用，同时建立健全京津冀三地机制体制，削弱地方保护主义的影响	WT 战略：减少劣势，规避威胁，坚持节能减排绿色低碳导向，推进能源消费和供给革命，集成优化京津冀能源系统，提升区域内能源系统运行效率

在工业生产中，除劳动力和资本之外，能源的投入已经成为第三大生产要素。因此，经济的迅速发展也带来了能源的过度消耗和生态环境的严重污染等问题。产生这些问题的重要原因是经济技术水平相对落后、产业结构与能源消费结构不合理等。虽然我国在提高能源使用效率方面做了很多努力，但是我国能源结构的合理化程度仍有待提高，能源使用效率依然较低。调整能源结构，提高能源使用效率仍然是京津冀发展的当务之急。

第6章　京津冀协同发展的能源—经济—生态环境系统发展现状及存在的问题

6.1　京津冀能源概况

目前，京津冀能源主要包括煤炭、石油、天然气以及其他新能源，如太阳能、水电等。总体的能源消费结构依然是以能效较低的煤炭为主，清洁能源的使用率并不高。但根据长期统计数据来看，京津冀各地的能源状况正在逐步改善。

6.1.1　北京市能源概况

1. 北京市能源供需总体形势

从2010～2018年的统计数据来看，北京市一次能源生产量大体保持不变，维持在每年400万吨至600万吨标准煤的产量，而其二次能源生产量有所起伏，从2010年的3397.8万吨标准煤逐渐下降到2013年的3000.2万吨标准煤，2014年产量又有所回升，2018年上升到3523.4万吨标准煤。从能源生产总量来看，总体起伏不大，2010～2018年的能源生产总量始终在3500万吨标准煤到4200万吨标准煤的区间内，2015年、2018年能源生产总量超过4000万吨标准煤，至2018年能源生产总量高达4134.7万吨标准煤。具体趋势走向见图6-1。

2017年北京市能源消费总量增长到7132.84万吨标准煤，同比增长2.5%，创历年来最高水平。从图6-2可以看出，2010～2017年，北京市能源消耗总量不断上升，较2010年已增加12.2%。在能源生产总量大致保持稳定的情况下，能源消费总量却不断增加，表明北京市的能源供给越来越需要外部地区能源的支撑，能源供给压力增大。

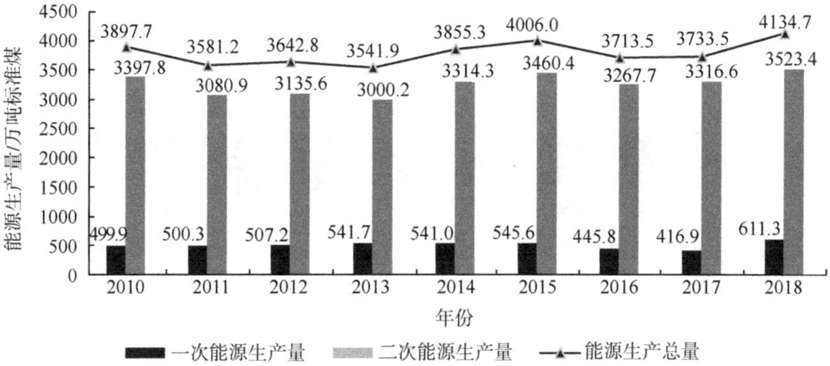

图 6-1　北京市能源生产量

资料来源：《北京统计年鉴》

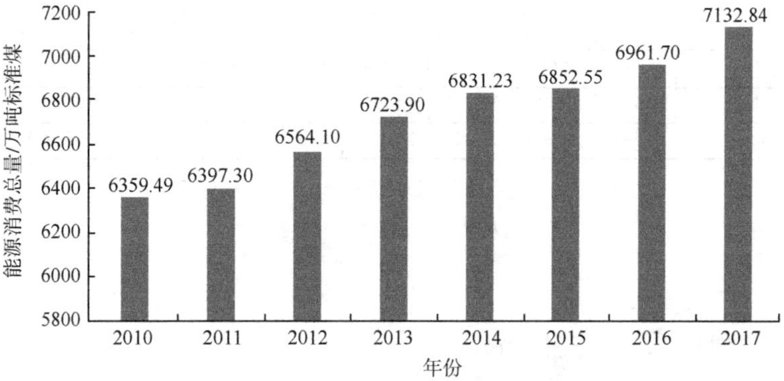

图 6-2　北京市能源消费总量

资料来源：《北京统计年鉴》

2. 北京市能源消费概况

2017 年，北京市能源消费总量为 7132.84 万吨标准煤，其中，煤炭消费占比为 5.65%，石油消费占比为 33.80%，天然气消费占比为 31.80%，非化石能源消费占比为 28.75%。具体的北京市能源消费结构占比变动情况如图 6-3 所示。

由图 6-3 可以看出，天然气和非化石能源的消费比重整体呈上升态势，2017 年超过总体能源消费的 60%，也就是说化石能源的消费比重已经下降到 40%以下，这表明北京市的能源消费结构逐渐优化，目前以消费清洁能源为主。

北京市煤炭消费总量如图 6-4 所示，可以发现，北京市煤炭消费总量的下降趋势明显，2017 年煤炭消费总量降至 490.46 万吨，同比下降 42%，下降幅度巨大，这表明北京市对高耗能行业的治理工作已经初见成效。主要原因是工业、发电用煤量在煤炭消费中的比例在下降，高煤炭消耗行业也正在缩减，逐渐移出北京市。相应地，在居民消费方面，北京市有关部门积极出台了一系列政策，使居民在日常生活中的能源消耗逐渐由煤炭转向电力和天然气或其他清洁能源。

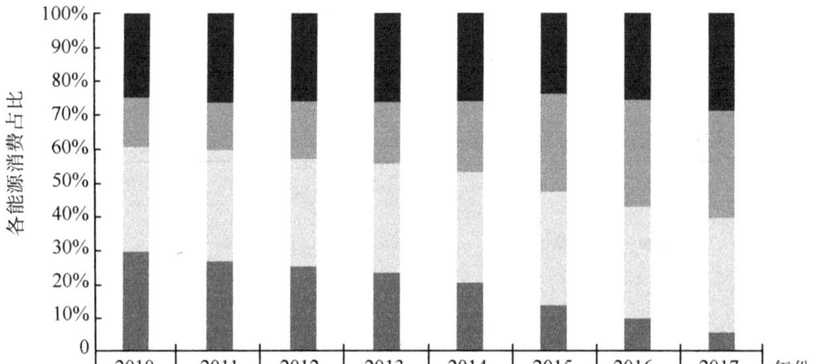

	2010	2011	2012	2013	2014	2015	2016	2017
■ 非化石能源	24.89%	26.40%	26.06%	26.30%	25.98%	23.81%	25.58%	28.75%
■ 天然气	14.58%	14.02%	17.11%	18.20%	21.09%	28.97%	31.68%	31.80%
■ 石油	30.94%	32.92%	31.61%	32.19%	32.56%	33.54%	32.93%	33.80%
■ 煤炭	29.59%	26.66%	25.22%	23.31%	20.37%	13.68%	9.81%	5.65%

图 6-3　北京市能源消费结构占比变动情况

资料来源：《北京统计年鉴》

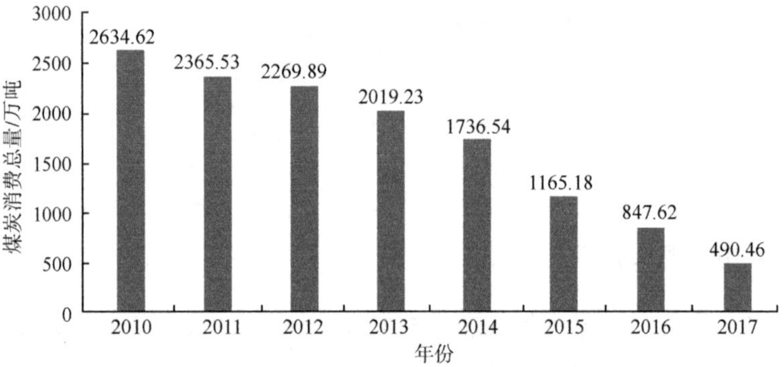

图 6-4　北京市煤炭消费总量

数据来源：《中国能源统计年鉴》

与煤炭消费总量不同，北京市石油消费总量在总体上较为稳定，呈缓慢上升趋势，具体见图 6-5。2010～2017 年，石油消费总量总体增长了 13.8%，中间各年份有微弱波动，但起伏不大。原因可能在于北京市使用了更多的清洁能源，并通过节能环保、减少碳排放和车辆用油升级等一系列积极举措，使北京石油消费总量并未大幅上升。

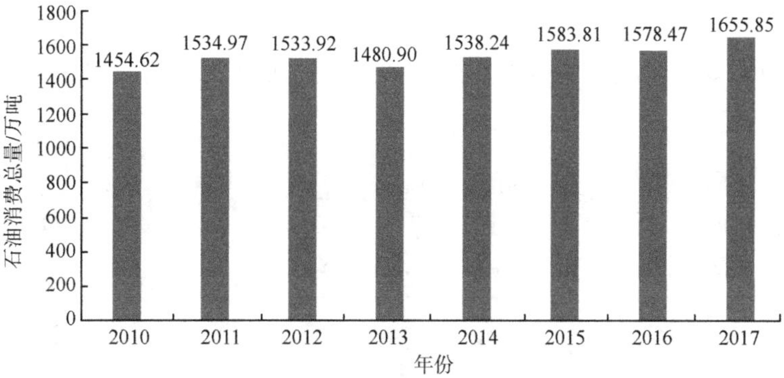

图 6-5　北京市石油消费总量

资料来源：《中国能源统计年鉴》

随着经济的快速发展，能源消费结构进一步优化升级，北京市在天然气方面的消费量也随之增加，这在很大程度上可以归因于政府部门积极实施的“煤改气”计划初见成效，以及研发部门对清洁能源利用技术的改进等。天然气的能效较高，增加天然气消耗替代煤炭消耗，不但可以减少北京市能源消耗量，优化其能源消费结构，同时还有利于推进北京市发展绿色低碳经济，最终实现社会、经济和环境的协调可持续发展。如图 6-6 所示，到 2017 年底，北京市天然气消费总量已经增长到了 164.56 亿立方米，实现了天然气在市区内相互贯通，管网覆盖率大致达到 80%，这有利于天然气成为北京市能源消费结构中的“顶梁柱”。

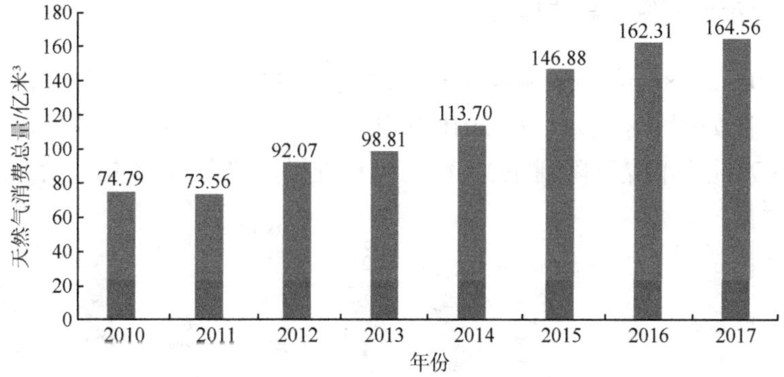

图 6-6　北京市天然气消费总量

资料来源：《中国能源统计年鉴》

伴随着北京市能源消费结构的逐年优化，电力消费总量在总能源消费中的比重也不断增加。如图 6-7 所示，2010 年北京市电力消费总量为 830.90 亿千瓦时，之后整体呈上升趋势，到 2017 年，北京市电力消费总量已经达到 1066.88 亿千瓦时。在大力推进第三产业发展的环境中，第三产业的用电量也明显增加。高新技术的开发应用、线上服务的推广普及等，也都显著降低了对煤炭、石油等传统能源的依赖，而增加了对电力的需求。近年来，随着人民生活水平的提高，居民的日常生活也需要越来越多的电力支撑，这也促使北京市的电力消费总量不断增加。

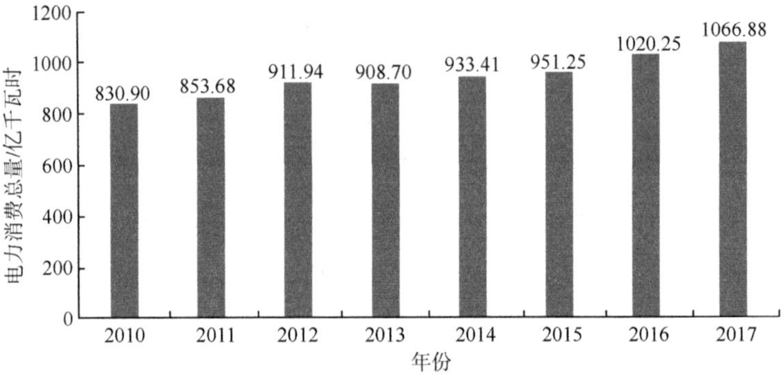

图 6-7　北京市电力消费总量

资料来源：《中国能源统计年鉴》

“十三五”是北京市经济增长新旧动力转换的关键阶段，北京市坚持“创新、协调、绿色、开放、共享”的发展理念，着力对能源消费结构进行调整，增加清洁电力的生产，提高电力消费的利用率，从而推进清洁能源的发展。

6.1.2　天津市能源概况

1. 天津市能源供需总体形势

从 2010～2018 年的统计数据来看，天津市一次能源生产总量没有出现剧烈波动，具体情况如图 6-8 所示。在 2010 年到 2013 年间，天津市一次能源生产总量从 5007.63 万吨标准煤下降到 4634.41 万吨标准煤，但在 2014 年一次能源生产总

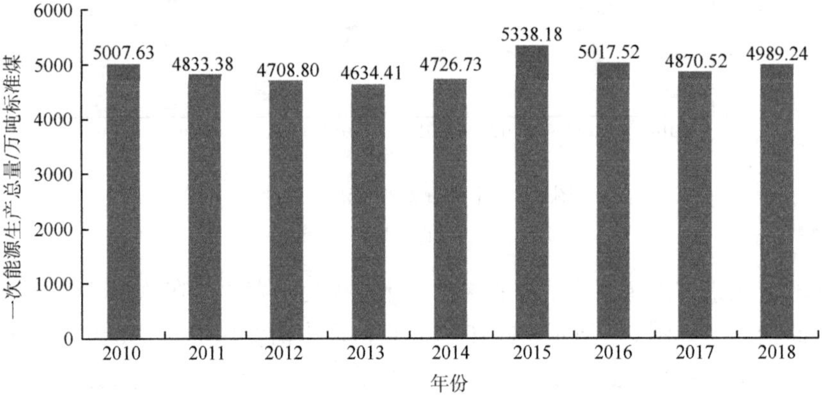

图 6-8　天津市一次能源生产总量

资料来源：《天津统计年鉴》

量又出现小幅增加，并在 2015 年达到峰值，随后产量又出现下降趋势。至 2018 年天津市一次能源生产总量为 4989.24 万吨标准煤。总体来看，一次能源生产总量维持在 5000 万吨标准煤，趋势较为平稳。

从图 6-9 可以看出，2017 年天津市能源消费总量为 8011.04 万吨标准煤，较前两年有轻微下降，但总体上，能源消费总量呈平稳态势。

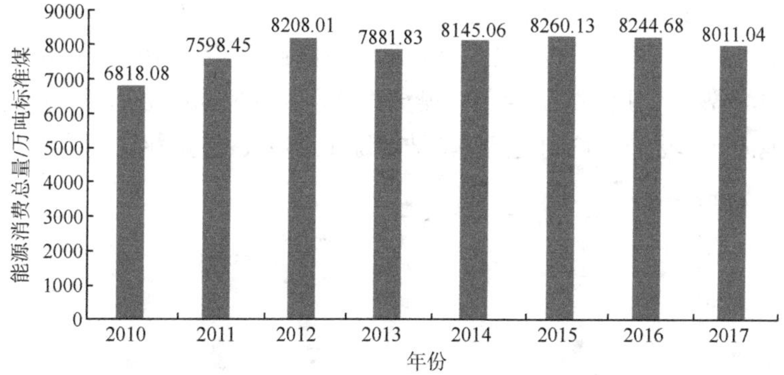

图 6-9　天津市能源消费总量

资料来源：《天津统计年鉴》

2. 天津市能源消费概况

从图 6-10 中 2010 年到 2017 年的统计数据来看，天津市煤炭消费占比整体呈下降态势，至 2017 年底，煤炭消费占比为 34.56%，较 2010 年下降 15.8 个百分点。与此同时，天然气和非化石能源的消费占比整体呈上升态势，截至 2017 年，

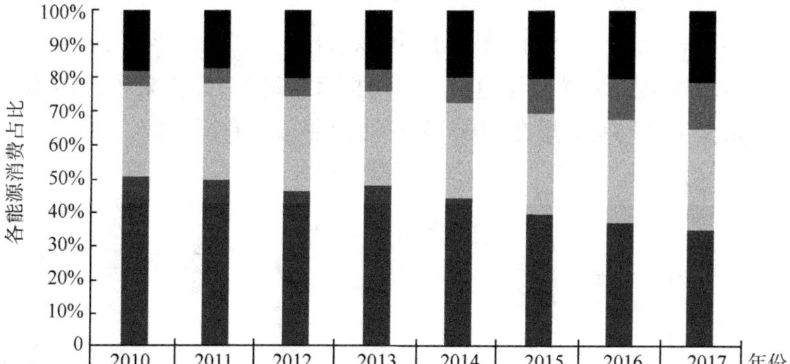

	2010	2011	2012	2013	2014	2015	2016	2017 年份
■ 非化石能源	18.29%	17.47%	20.44%	17.83%	20.15%	20.50%	20.52%	21.50%
■ 天然气	4.47%	4.55%	5.28%	6.38%	7.43%	10.30%	12.02%	13.83%
■ 石油	26.88%	28.51%	28.17%	27.95%	28.33%	29.95%	30.81%	30.11%
■ 煤炭	50.36%	49.47%	46.11%	47.84%	44.09%	39.25%	36.65%	34.56%

图 6-10　天津市能源消费结构占比变动情况

资料来源：《中国能源统计年鉴》

两者合计消费占比为 35.33%，较 2010 年增加 12.57 个百分点。能源消费结构日趋良好。但总体来看，天津市能源结构中消费量较多的依然是煤炭和石油，这在很大程度上是由天津市的能源禀赋决定的。

煤炭是天津市的主要一次能源，图 6-11 显示，从 2010 年至 2017 年，天津市的煤炭消费总量基本呈现一个倒“U”形的趋势，在 2012 年达到一个峰值 5298.12 万吨，之后逐年下降，2017 年天津市的煤炭消费总量降至 3875.61 万吨。同时，天津市能源消费结构中的煤炭消费占比总体呈缓慢下降趋势，从 2010 年的 50.36%下降到 2017 年的 34.56%。这反映了天津市对煤炭消费的依赖性逐渐减少，能源结构正在不断优化，能源效率进一步得到提高，清洁能源在逐步代替污染性较高的化石能源。

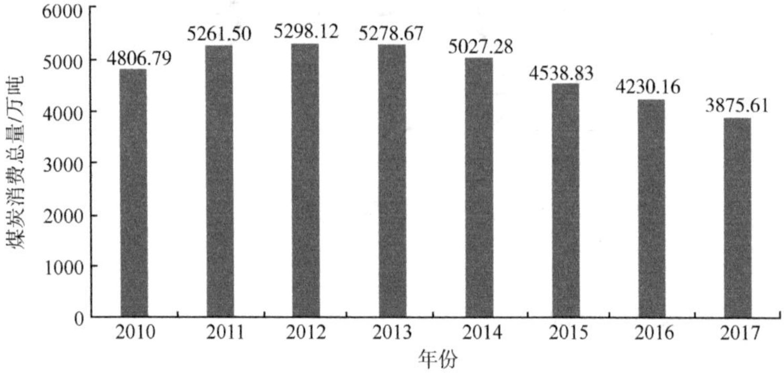

图 6-11　天津市煤炭消费总量

资料来源：《天津统计年鉴》

天津市能源消费的品种大致可分为煤炭、石油、天然气以及电力等。其中石油是天津的支柱能源之一。由图 6-12 可以看出，从 2010 年到 2017 年天津市的石油消费总量总体上呈缓慢上升趋势（中间稍有波动）。具体来看，2010～2012 年石油消费总量呈上升态势，虽在 2013 年石油消费总量有所下降，但之后又逐年上升，

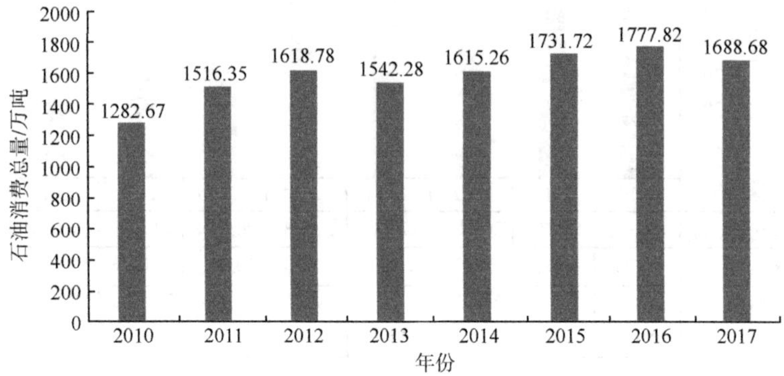

图 6-12　天津市石油消费总量

资料来源：《中国能源统计年鉴》

由 2013 年的 1542.28 万吨上升到 2016 年的 1777.82 万吨。到 2017 年，天津市石油消费总量较 2010 年增长了 31.65%。

图 6-13 统计数据显示，天津市天然气消费总量正处于快速上升阶段，在能源消费结构中所占的比重也不断增加。2017 年天然气消费总量为 83.31 亿立方米，较 2010 年增加 60.21 亿立方米，增幅较大。同时也可以看出在 2010～2017 年，尽管天津市的天然气消费比重呈逐年上升态势，但其占比依然很低，从 2010 年的 4.47%上升到 2017 年的 13.83%，依然是所有能源中占比最小的能源种类。这是由天津市具有的能源储备较低、能源需求量相对较大，同时又缺乏新能源、新技术的开发及利用所决定的。可以看出，天津市如果忽视产业结构的优化，不注重新能源、新技术的使用，这种能源结构在长期内依然不会得到很好的改善。

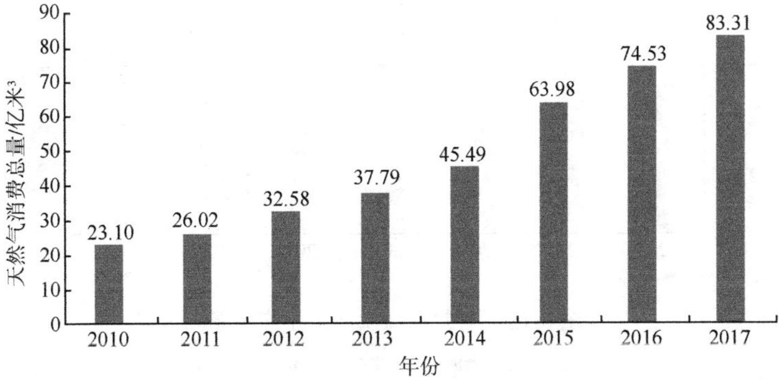

图 6-13　天津市天然气消费总量

数据来源：《中国能源统计年鉴》

天津市电力消费总量由 2010 年的 675.37 亿千瓦时上升到 2017 年的 857.00 亿千瓦时，除 2017 年外呈逐年上升的态势，具体如图 6-14 所示。天津市电力主要供应给居民和三次产业，电力能源为天津市经济社会的飞速发展提供了基础保障。

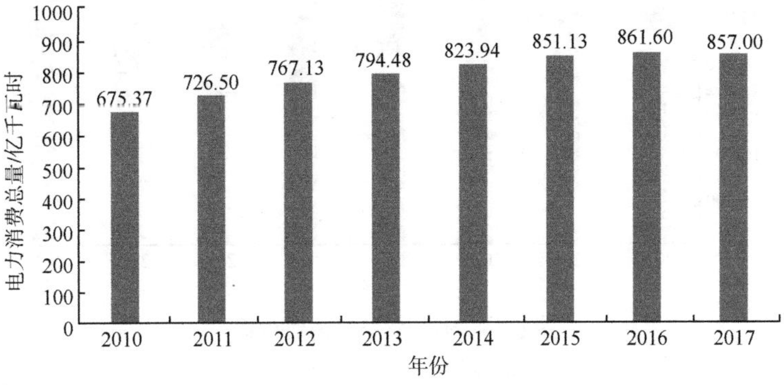

图 6-14　天津市电力消费总量

资料来源：《中国能源统计年鉴》

6.1.3　河北省能源概况

1. 河北省能源供需总体形势

2017 年河北省一次能源生产总量为 6778.54 万吨标准煤，基本与 2016 年一次能源生产总量持平。由图 6-15 来看，总体趋势为先上升后下降并保持稳定，在 2012 年，一次能源生产总量曾达到 9560.46 万吨标准煤，之后又迅速下降，维持在 7000 万吨标准煤的生产水平。

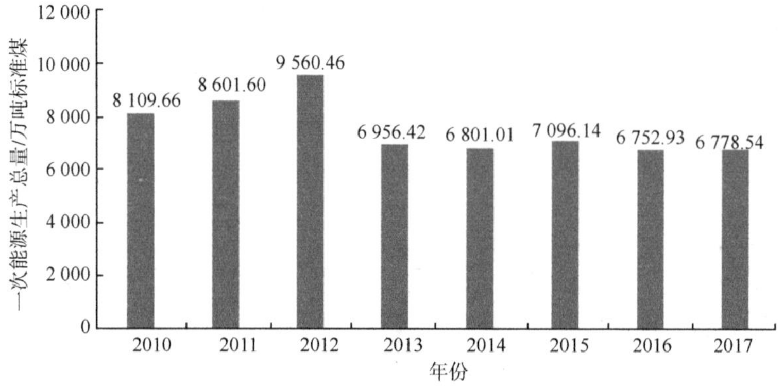

图 6-15　河北省一次能源生产总量

资料来源：《河北经济年鉴》

从图 6-16 可以看出，河北省能源消费总量总体呈缓慢上升态势，2017 年的能源消费总量为 30 385.88 万吨标准煤，首次突破 3 亿吨标准煤的界限，分别是北京市和天津市能源消耗总量的 4.26 倍、3.79 倍。

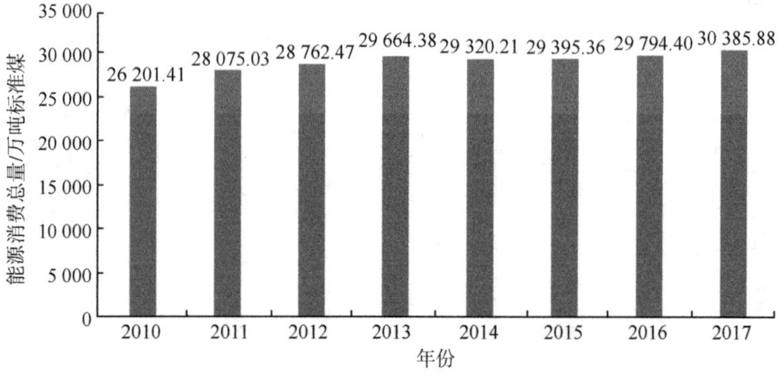

图 6-16　河北省能源消费总量

资料来源：《河北经济年鉴》

2. 河北省能源消费概况

从图 6-17 中可知，从 2010 年到 2017 年河北省能源消费结构中消费量最多的能源为煤炭，即使煤炭消费占比呈下降趋势，但在 2017 年煤炭消费占比依然高达 83.71%。天然气和非化石能源消费占比有所增加，然而在 2017 年次电力及其他能源消费也仅占 4.09%，说明化石能源消费占比达 95%以上，是京津冀三地中化石能源消费占比最高的地区。

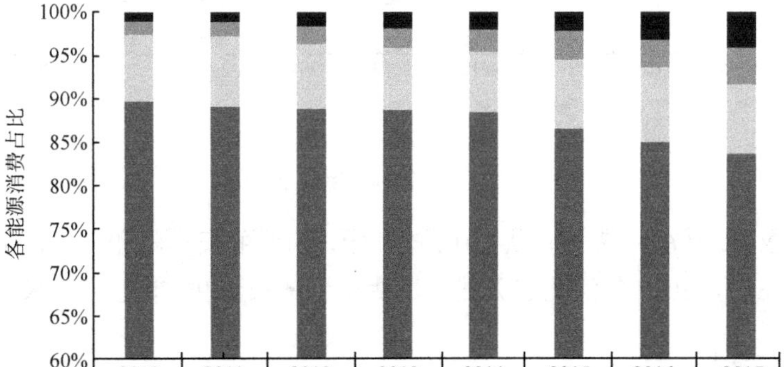

年份	2010	2011	2012	2013	2014	2015	2016	2017
■ 非化石能源	1.03%	1.13%	1.62%	1.86%	2.02%	2.17%	3.22%	4.09%
■ 天然气	1.51%	1.66%	2.04%	2.23%	2.54%	3.30%	3.14%	4.23%
■ 石油	7.75%	8.12%	7.48%	7.22%	6.98%	7.98%	8.63%	7.97%
■ 煤炭	89.71%	89.09%	88.86%	88.69%	88.46%	86.55%	85.01%	83.71%

图 6-17　河北省能源消费结构占比变动情况

资料来源：《河北经济年鉴》

由图 6-18 可以看出，河北煤炭消费总量在 2010 年到 2017 年间呈现倒“U”形的特点，但河北能源消费结构仍然是“一煤独大”的局面，煤炭消费水平一直居高不下。

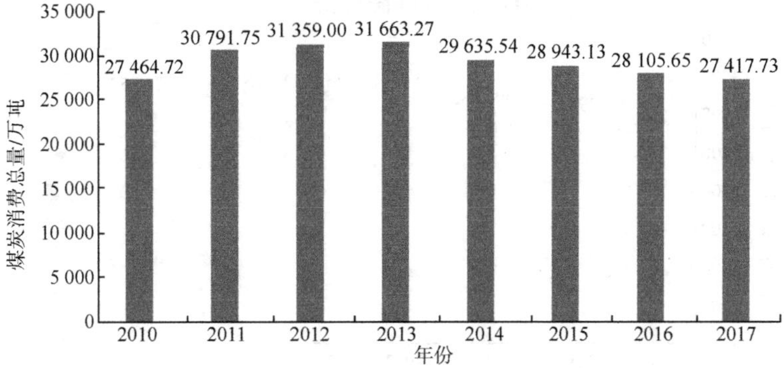

图 6-18　河北省煤炭消费总量

资料来源：《中国能源统计年鉴》

从图 6-19 可以看出，2010～2017 年河北省石油消费总量波动并不大，总体维持在 1400 万吨至 1800 万吨，其中 2016 年的石油消费总量为 2010～2017 年的最大值。

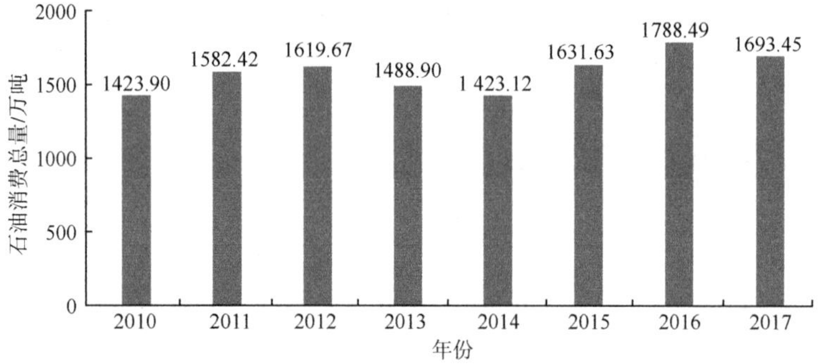

图 6-19　河北省石油消费总量

资料来源：《中国能源统计年鉴》

图 6-20 和图 6-21 表明，从 2010 年开始，河北的天然气和电力消费总量均整体呈上升态势，2017 年河北省天然气消费总量增长到 96.70 亿立方米，电力消费

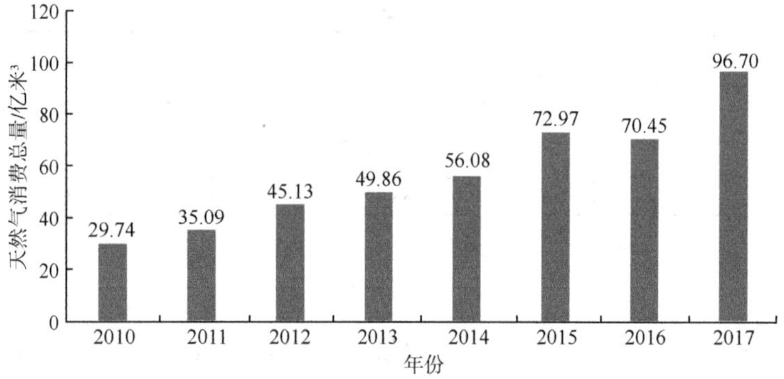

图 6-20　河北省天然气消费总量

资料来源：《中国能源统计年鉴》

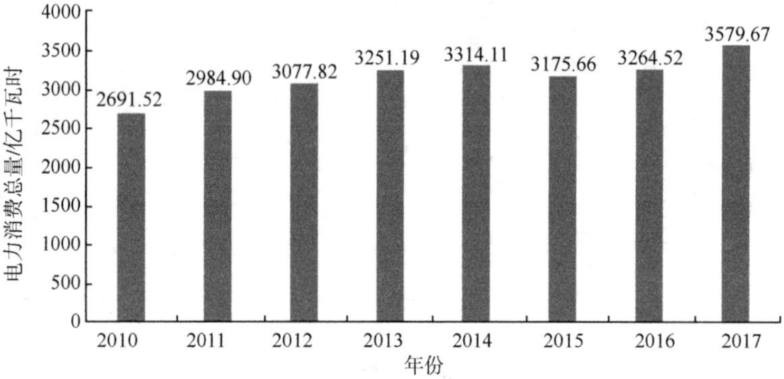

图 6-21　河北省电力消费总量

资料来源：《中国能源统计年鉴》

总量则增长到 3579.67 亿千瓦时。这离不开河北省对清洁能源技术的有效开发和利用。但这两者在能源消费结构中所占的总比重依然很小，与北京市和天津市的能源消费结构差距很大，能源消费结构的绿色清洁发展显然是河北省未来能源发展的主要目标。

6.2　京津冀经济概况

6.2.1　北京市经济概况

从图 6-22 不难看出，北京市地区生产总值始终处于持续上升的趋势，由 2009 年 12 153.03 亿元增长至 2018 年的 33 105.97 亿元。地区生产总值增长率呈现一定的波动性，在 2009～2010 年出现一个陡坡，增长率由 2009 年的 9.34%增长至 2010 年的 16.13%，之后呈现降低的趋势，在 2014 年降低至 7.73%，随后在 2018 年回升至 18.17%。

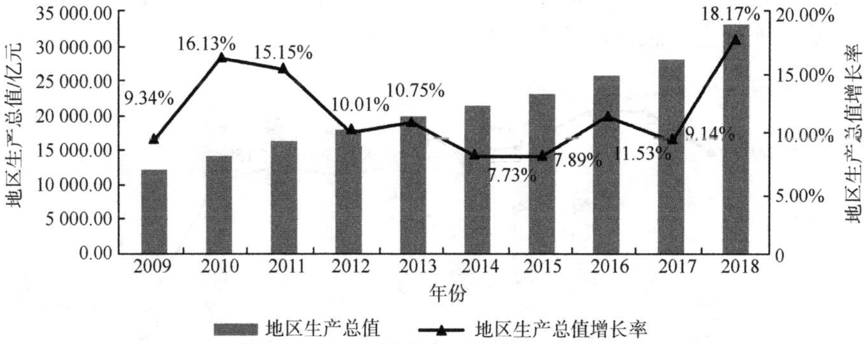

图 6-22　北京市地区生产总值变动趋势

资料来源：国家统计局

从发展战略演变的角度来看，长期以来，北京的发展战略始终都以国家的战略需求为基础，以北京作为国家首都的责任为核心，以引领国民经济发展为最终目标，体现出其独特的功能性特征。从发展动力的转变过程来看，北京的经济发展呈现出在服务经济、开放经济和流通经济下信息、资源、人才、技术和资金等核心竞争要素的内化和外溢、引进和产出的枢纽功能特征。该枢纽功能是否得到充分发挥，能够直接决定北京市的发展速度、发展质量，并直接影响北京市对全国发展的引领作用能在多大程度上实现。枢纽功能的充分发挥极大地促进了北京市的经济发展。从发展阶段来看，北京的经济发展体现出前置性特征。北京作为中国的首都，在阶段战略调整中往往先于其他区域。并且，在要素资源积累、产业结构升级以及核心技术研发等方面，都呈现出相对于其他区域的前置性特征。

在此基础上，北京凭借其独特的地位以及充实的要素积累，借助其作为国际化大都市的服务功能，不断发挥其强大的贸易通道职能，充分完善了全国范围内的资源配置体系，并进一步深入到全球化的分工体系中去，使得北京逐步发展成为全国的资源配置中心以及全球资源配置过程中的关键节点。

6.2.2　天津市经济概况

天津市作为现代工商业发展的重要基地以及重要的国际性港口，在中国的经济发展过程中一直处于十分重要的战略地位。十四大以来，天津市紧紧围绕政府制定的奋斗目标，以经济建设为中心，大力推进经济体制的改革，转变经济发展模式，保持经济的快速稳步发展，使天津市逐渐加入到先进地区的行列（李璐萍，2016）。

从图 6-23 来看，天津市地区生产总值总体处于持续增长的变动趋势，仅在 2018 年出现下跌。自 2009 年至 2017 年，天津市地区生产总值从 7521.85 亿元增加至 2017 的 18 549.19 亿元，2018 年下降至 13 362.92 亿元。2010 年天津市地区生产总值增长率达到一个峰值 22.64%，2010 年后，由于受到各种国内、国际环境的影响，地区生产总值增长率基本处于下降趋势。

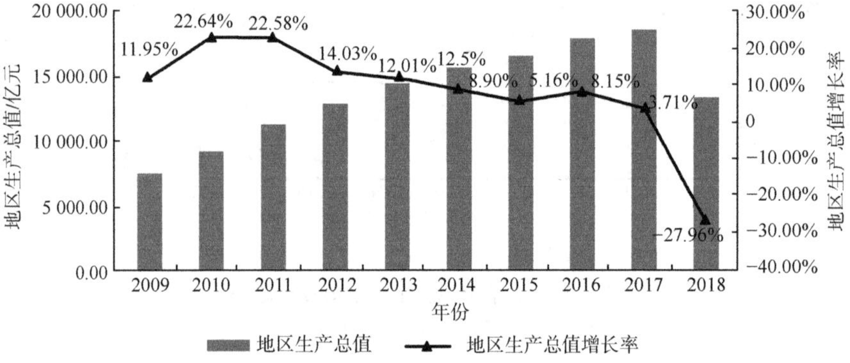

图 6-23　天津市地区生产总值变动趋势

资料来源：国家统计局

从产业布局方面来看，天津市内六区的经济发展主要依靠的是第三产业，而第一产业的主要规模集中于环城六区及市辖三县。就市内六区而言，对各区的产业分布分别进行分析，可以发现，和平区具有最为强劲的经济实力，其经济发展主要依靠第三产业，且其规模最大。就环城六区而言，其第三产业的规模相对较小且实力也相对较弱，人才力量也不占优势，但其第二产业资产较为雄厚。环城六区中，西青区的工业产业规模位列第一。相对而言，远郊五县中宝坻区的产业规模是最小的，且其经济实力也相对较弱。滨海新区的经济发展相对较强，其经济总量对全市的贡献居于首位，人才优势也较为明显。

6.2.3 河北省经济概况

从图 6-24 来看，2009～2017 年河北省地区生产总值逐年递增，2009 年时仅 17 235.48 亿元，到 2017 年达到了 34 016.32 亿元，在 2018 年出现小幅度下降，地区生产总值降至 32 494.61 亿元。同时，地区生产总值增速呈现波动趋势。2009～2011 年地区生产总值增长率由 2009 年的 7.64%升至 2011 年的 20.21%，并且达到一个峰值。自 2011 年起，河北地区生产总值增长率持续下降，直到 2015 年的 1.31%。2016 年回升至 7.60%，之后呈现持续下降，到 2018 年河北省地区生产总值增长率为–4.47%。

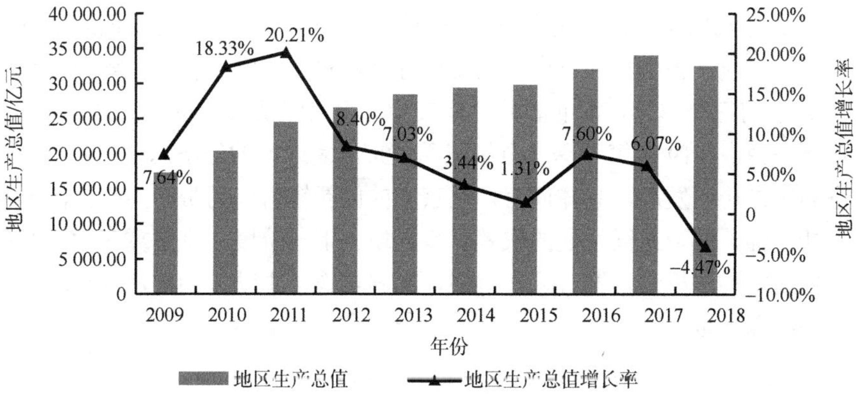

图 6-24 河北省地区生产总值变动趋势

资料来源：国家统计局

当前，河北省在进行民生改善、结构调整的基础上，全省经济迎来更加积极的变化，河北省已经步入新常态的经济发展。目前，从经济发展布局来看，河北省的五大经济区基本形成了各领风骚的发展格局。总体来看，河北全省各区域逐步实现了协调发展，经济发展动力充足，趋势稳定，具有较强的可持续性。与此同时，河北省的经济发展质量和发展效益也在不断提升，经济走向高质量发展的趋势向好。

6.2.4 京津冀经济协同发展成效显现

在复杂严峻的经济环境下，京津冀三地始终把握机遇，坚持新发展理念，始终追求实现经济的高质量发展，京津冀区域经济稳步发展，在各项工作的统筹推进中，京津冀地区的产业结构实现了进一步的优化，协同发展成效显现。

1. 北京创新辐射带动明显

滨海—中关村科技园自成立后积极引入北京中关村的科技创新成果，截至 2016

年新增注册企业 1241 家，来自北京的有 280 余家（丰家卫和胡丰，2019）。可见，由于北京市拥有较强的创新优势，起到了明显的带动作用，产业集聚效应初显。

河北雄安新区成立以来，实现了京津优质资源对接，集聚北京创新要素资源，河北省以高端产业为主要发展方向，积极布局创新发展战略。截至 2019 年 9 月，登记进驻雄安新区的企业已达 3069 家，大多来自北京。首批入驻市民服务中心的 26 家高端高新企业有 90%来自北京（李如意，2019）。

2. 津冀产业承接持续增强

根据北京市统计局发布的数据，2019 年第一季度至第三季度，天津引进北京企业投资超过 1000 亿元，占全市引进内资的比重接近五成。河北省面对协同发展的全新战略机遇，积极抓住机会，主动进行战略对接，实现首都服务业的承接转移。2019 年前三个季度，河北省共计承接 109 个京津法人单位。

总体来说，2019 年第一季度至第三季度京津冀地区的经济总体平稳运行，稳步推进高质量协同发展，具体而言，北京市的创新辐射作用带动明显，津冀承接力度不断增强，区域协同发展的成效初步显现。下一阶段，京津冀三地都必须紧紧抓牢协同发展的机遇，同时迎接挑战，加强协作，主动作为，从而推动区域协同持续向纵深推进。

6.3　京津冀生态环境概况

6.3.1　北京市生态环境概况

1. 北京市空气质量状况

如图 6-25 所示，2013 年到 2018 年，北京市的主要污染物年平均浓度值总体呈现下降的趋势。北京市的 $PM_{2.5}$ 年平均浓度值自 2017 年的 58 微克/米^{3}减少到 2018 年的 51 微克/米^3，减少了 7 个单位；二氧化硫（SO_2）年平均浓度值从 2017 年的 8 微克/米^{3}减少到 2018 年的 6 微克/米^3，减少了 2 个单位；二氧化氮（NO_2）年平均浓度值从 2017 年的 46 微克/米^{3}降低至 2018 年的 42 微克/米^3，减少了 4 个单位；PM_{10} 年平均浓度值从 2017 年的 84 微克/米^{3}减少到 2018 年的 78 微克/米^3，减少了 6 个单位。

从图 6-26 可以看出，2013 年至 2018 年间，北京市的空气质量正在逐步提高，其中，一级优天数整体呈增加趋势，二级良天数也“不甘示弱”越来越多；与此同时，重度污染和严重污染天数持续减少。北京市一级优天数从 2013 年的 41 天增加到了 2018 年的 72 天，发生天数占比 19.73%；二级良天数从 2013 年的 135 天增加到了 2018 年的 155 天，发生天数占比 42.47%。相伴而生的是，北京市的重污染天数（重度污染和严重污染）减少到了 15 天，发生天数占比 4.11%，比 2017 年减少 8 天，与 2013 年相比减少了 43 天。可以看出，北京市的空气质量取得了不错的成绩，但仍有望进一步提高，向精细化阶段迈进。

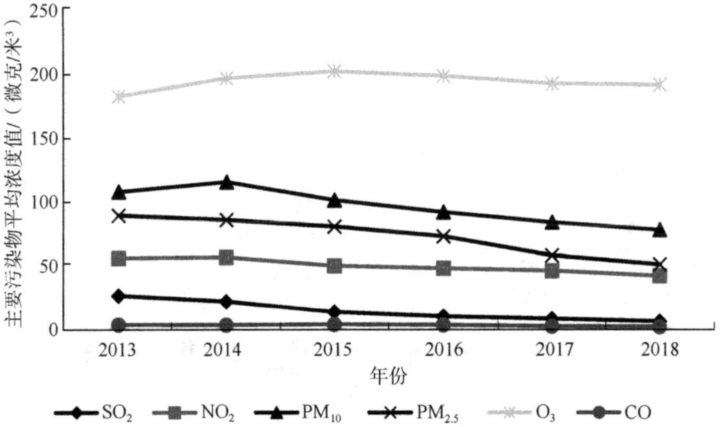

图 6-25　北京市主要污染物平均浓度值变化趋势图

资料来源：《北京市生态环境状况公报》

O_3 项为日最大 8 小时滑动平均第 90 百分位浓度值，CO 项为 24 小时平均第 95 百分位浓度值，单位为毫克/米³；其余项为年平均浓度值

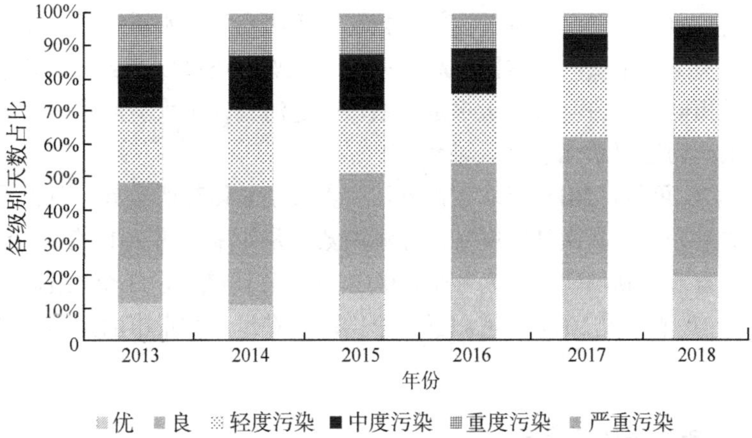

图 6-26　北京市空气质量分布情况

资料来源：《北京市生态环境状况公报》

2. 北京市水质总体状况

地表水水质检测涉及许多指标，其中高锰酸盐指数和氨氮年平均浓度值是重

要的衡量指标。由图 6-27 可以看出，2013 年至 2018 年，北京市地表水高锰酸盐指数和氨氮年平均浓度值整体呈下降态势，且氨氮年平均浓度值一直低于高锰酸盐指数。高锰酸盐指数由 2017 年的 5.97 毫克/升降低到 2018 的 4.91 毫克/升，减少了 1.06 个单位，与此同时，氨氮年平均浓度值从 2017 年的 2.62 毫克/升降低至 2018 年的 0.98 毫克/升，减少了 1.64 个单位。可见，北京市地表水水质是有所改善且有待提升的。

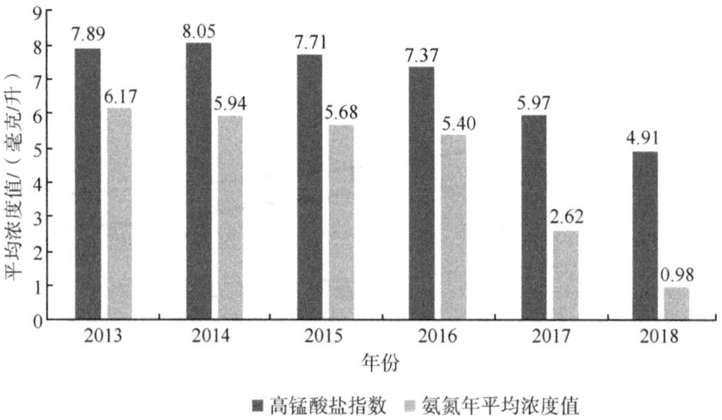

图 6-27　北京市地表水高锰酸盐指数和氨氮年平均浓度值变化趋势图

资料来源：《北京市生态环境状况公报》

由《北京市生态环境状况公报》公布的数据可以知道，2018 年北京市五大水系Ⅰ～Ⅲ类水质河长占监测总长度的 54.5%，Ⅳ类和Ⅴ类水质河长占监测总长度的 24.5%，劣Ⅴ类水质河长占监测总长度的 21.0%。还可以看到，北京市五大水系质量不尽相同，潮白河系优于永定河系，永定河系优于大清河系，大清河系优于蓟运河系，蓟运河系优于北运河系。

由图 6-28 可得，2018 年北京市湖泊营养级别总体有所改善。首先是重度富营养湖泊数量为零。其次是中度富营养湖泊数量是 4 个，比 2017 年减少了 2 个。再次是轻度富营养湖泊的数量为 8 个，和 2017 年相比减少了 3 个。最后是中营养湖泊达到了 10 个，较 2017 年增加了 5 个。可以看出，北京市的湖泊质量会越来越好。

3. 北京市生态环境状况

《北京市生态环境状况公报》的数据显示，北京市生态环境状况指数由 2017 年的 67.8 增加到了 2018 年的 68.4，增幅不大但有所改善。2018 年北京市各区的生态环境状况指数有所不同，其中，生态环境状况指数大于 70 的有怀柔区、密云区、门头沟区、延庆区和平谷区，分别为 77、75.1、74.8、73.6 和 71.8；房山区、昌平区、顺义区和通州区是生态环境状况指数大于 60 小于 70 的梯队，分别是 67.7、66.5、60.8 和 60.2，海淀区、大兴区、石景山区、丰台区、朝阳区、东城区和西城区属于生态环境状况指数低于 60 的梯队，分别仅有 56.8、56、53.7、50.1、46.9、38.8 和 36.1。可以看出，怀柔区、密云区、门头沟区、延庆区和平谷区近年来的生态环境状况是优于其他区域的。其中，怀柔区、密云区生态环境状况级别达到优。对比看来，2018 年东城区和西城区的生态环境状况不是很理想。

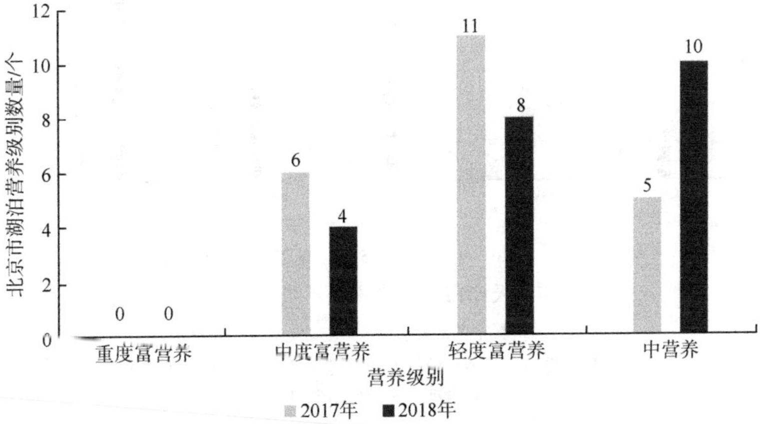

图 6-28　北京市湖泊营养级别数量分布图

资料来源：《北京市生态环境状况公报》

6.3.2　天津市生态环境概况

1. 天津市空气质量状况

如图 6-29 所示，从左到右是天津市 2013 年至 2018 年主要污染物的排放情况。可以看到，天津市二氧化硫（SO_2）年平均浓度值从 2013 年的 59 微克/米 ^{3} 减少到 2018 年的 12 微克/米 ^{3}，减少了 47 个单位；PM_{10} 年平均浓度值由 2013 年的 150 微克/米 ^{3} 减少到 2018 年的 82 微克/米 ^{3}，减少了 68 个单位，$PM_{2.5}$ 指数由 2013 年的 96 微克/米 ^{3} 降低至 2018 年的 52 微克/米 ^{3}，减少了 44 个单位。从图 6-29 中还可以发现，2013～2018 年二氧化氮（NO_2）年平均浓度和一氧化碳（CO）平均浓度值的变化不大。不过比较特别的是，臭氧（O_3）平均浓度值从 2013 年的 151 微克/米 ^{3} 增加到 2018 年的 201 微克/米 ^{3}，增加了 50 个单位。可见，天津市的空气质量总体向好，但主要污染物排放还需要持续关注。

由图 6-30 可以看到，2013 年至 2018 年，天津市空气质量有所改善。天津市空气质量全年达标天数从 2013 年的 145 天增加至 2018 年的 207 天，增加了 62 天，重污染天数由 2013 年的 49 天减少到 2018 年的 10 天，减少了 39 天。虽然重污染天数有所下降，但不可忽视的是，天津市的污染天数占比仍然较大。

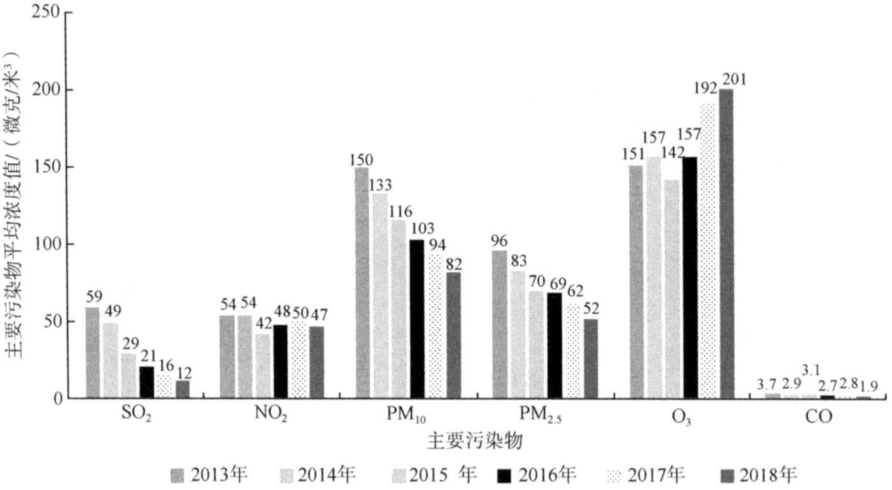

图 6-29　天津市空气中主要污染物排放情况

资料来源：《天津市生态环境状况公报》

O_3 项为日最大 8 小时平均浓度第 90 百分位数；CO 项为 24 小时平均浓度第 95 百分位数，单位为毫克/米^3；其余项为年平均浓度值

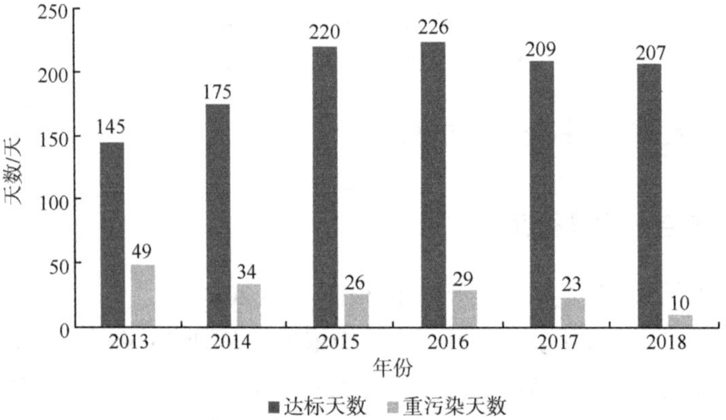

图 6-30　天津市环境空气质量级别天数比例

资料来源：《天津市生态环境状况公报》

2. 天津市水质总体状况

如图 6-31 和图 6-32 所示，2016 年到 2018 年，天津市地表水Ⅰ～Ⅲ类水占比呈增加趋势，劣Ⅴ类地表水占比呈减少趋势。其中，Ⅰ～Ⅲ类水从 2016 年的 15%增加到了 2018 年的 40%，增加了 25 个百分点，较基准年（2014 年）增加了 15 个百分点，优于目标值 25%的考核标准。劣Ⅴ类地表水的比例从 2016 年的 55%减少到 2018 年的 25%，降低了 30 个百分点，较基准年（2014 年）减少了 40 个

百分点，优于目标值 55%的考核标准。但不可否认的是，天津市仍有 1/4 的地表水水质是较差的。

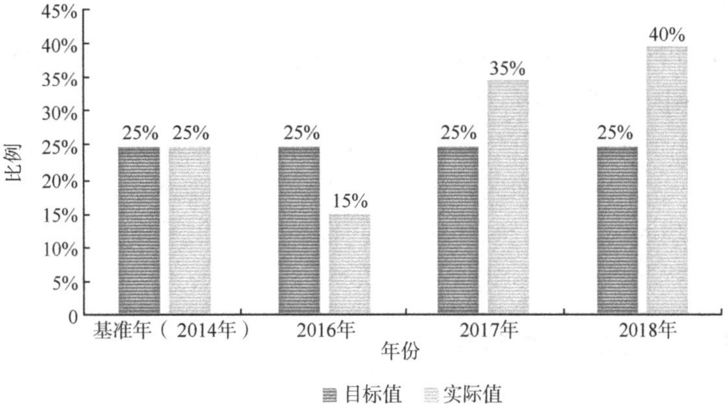

图 6-31　天津市地表水水质Ⅰ～Ⅲ类比例变化趋势

资料来源：《天津市生态环境状况公报》

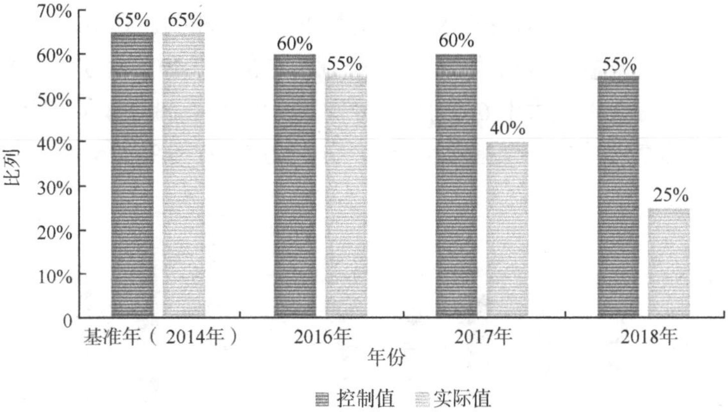

图 6-32　天津市地表水水质劣Ⅴ类比例变化趋势

资料来源：《天津市生态环境状况公报》

《天津市生态环境状况公报》的数据显示，2016 年到 2018 年天津市主要污染物排放有所减少。高锰酸盐指数三年来降幅不大，但与基准年（2014 年）相比已经有所减少，化学需氧量指数 2017 年低于 2016 年，2018 年低于 2017 年，且 2018 年远低于 2014 年；氨氮指数 2014 年大于 2 毫克/升，2018 年小于 1 毫克/升，有所下降；总磷指数也有所减少，2014 年大于 0.3 毫克/升，2018 年大约 0.1 毫克/升。

《天津市生态环境状况公报》的数据显示，就 2018 年天津市无机氮的指标浓度而言，北边离岸近的区域水质主要是Ⅳ类和Ⅲ类，南边离岸近的区域主要是Ⅱ类，离岸较远的区域主要是Ⅰ类；活性磷酸盐的指标浓度，北边离岸近的区域主要是Ⅱ类，其他区域的指标类别则主要是Ⅰ类。可见，天津市入海河流水质受陆地影响较大。

3. 天津市生态环境状况

2018 年，天津市生态环境状况指数分布不均。《天津市生态环境状况公报》的数据显示，蓟州区的生态环境状况指数大于 75；宝坻区和宁河区生态环境状况指数大于 70 小于 75，武清区、西青区和静海区生态环境状况指数介于 65 和 70 之间，北辰区、东丽区、津南区、滨海新区和市区的生态环境状况指数都小于 65。可以看出，蓟州区、宝坻区和宁河区生态环境状况是优于其他区域的。天津市市区的生态环境状况相对于其他区域而言较差。

6.3.3 河北省生态环境概况

1. 河北省空气质量状况

2018 年，河北省空气质量综合指数是 6.26，较 2017 年的 7.08 下降了 12%。如图 6-33 所示，2018 年河北省各设区市的空气质量不尽相同。其中，石家庄、邢台、唐山和邯郸的空气质量综合指数大于 7，分别是 7.53、7.49、7.30 和 7.28，保定和沧州的空气质量综合指数大于 6 小于 7，分别是 6.98 和 6.33，衡水、廊坊、秦皇岛、承德和张家口的空气质量综合指数小于 6，分别为 5.95、5.94、5.30、4.66 和 4.11。

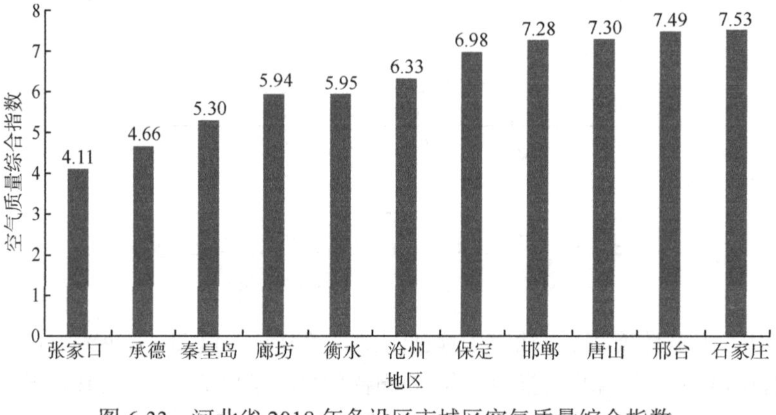

图 6-33 河北省 2018 年各设区市城区空气质量综合指数

资料来源：《河北省生态环境状况公报》

如图 6-34 所示，2018 年河北省各设区市优良天数最多的是秦皇岛，有 285 天，其次是承德，为 278 天，再次是张家口，有 277 天；保定和石家庄相对较少，分别为 159 天和 151 天。重度污染及以上的天数最少的是张家口，为 0 天；邢台、保定和石家庄较多，分别是 32 天、30 天和 38 天。可见，秦皇岛、承德和张家口的污染天数少于其他区域，而邢台、保定和石家庄的污染天数相对较多。

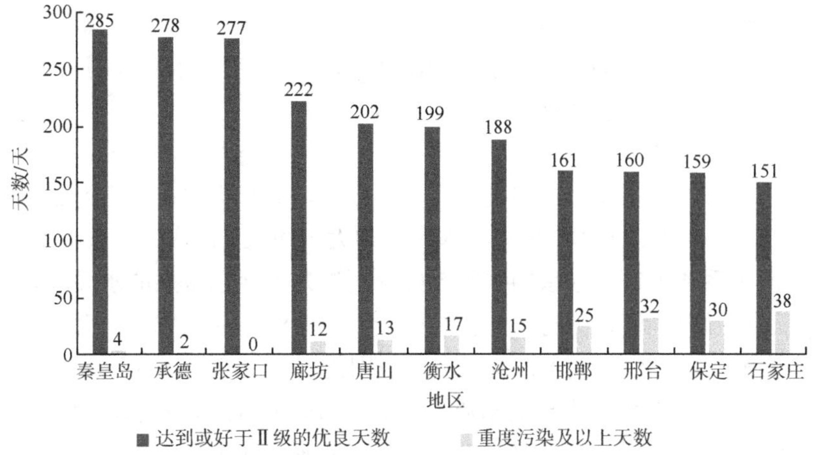

图 6-34　河北各设区市达到或好于Ⅱ级的优良天数及重度污染及以上天数

资料来源：《河北省生态环境状况公报》

2. 河北省水质总体状况

如图 6-35 所示，Ⅰ类水质断面占比达到 6.63%，Ⅱ类水质断面占比达到 28.92%，Ⅲ类水质断面占比达到 12.65%。Ⅰ～Ⅲ类的水质断面占全部断面的 48.20%。Ⅳ类水质断面占比为 21.08%，Ⅴ类水质断面占比有 12.65%，劣Ⅴ类水质断面占比为 18.07%。Ⅳ类至劣Ⅴ类水质断面占比达到 51.8%。可见，河北省河流水质有待进一步改善。

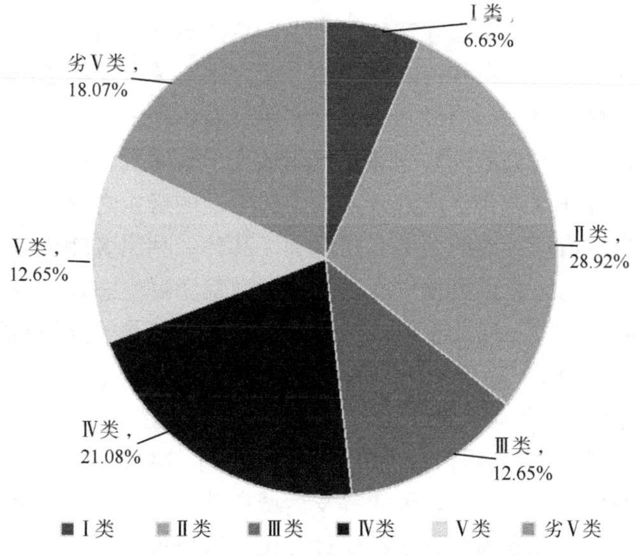

图 6-35　2018 年河北省河流水质类别比例

资料来源：《河北省生态环境状况公报》

2018 年，河北省八大水系的水质有所不同。《河北省生态环境状况公报》的数据显示，辽河水系的水质级别为Ⅰ～Ⅲ类，永定河水系的水质级别为Ⅰ～Ⅳ类，滦河水系和漳卫南运河水系有少量或不含劣Ⅴ类水，北三河水系Ⅰ～Ⅲ类水约占40%，劣Ⅴ类水占比多于 20%。子牙河水系的Ⅰ～Ⅲ类水约占 40%，劣Ⅴ类水占比多于 30%，大清河水系Ⅰ～Ⅲ类水有一半以上，劣Ⅴ类水占比约为 20%，黑龙港运东水系Ⅰ～Ⅲ类水极少，劣Ⅴ类水占比却大于 40%，在八大水系中占比最多。可见，辽河水系和永定河水系的水质较好，而黑龙港运东水系的水质较差。

《河北省生态环境状况公报》的数据显示，2018 年河北省近岸海域水质有所改善，一类海水的比例达到 84.6%，水质级别为优。秦皇岛市的 5 个水质监测站位中，有 4 个站位的水质为一类水质，1 个为二类水质，总体水质较优；唐山市也有 5 个水质监测站位，5 个站位全部是一类水质，水质状况最优；沧州市的 3 个站位中 2 个为一类水质，1 个为二类水质，水质状况较好。

6.3.4 京津冀生态协同发展现状

王宏斌（2015）从制度创新视角研究京津冀生态环境协同治理，他认为京津冀在生态环境协同治理方面存在很多政治、经济等方面的体制机制性障碍，各方一直以来缺乏合作经验和有效路径，这就使得京津冀生态环境的协同治理面临重重困难。李惠茹和杨丽慧（2016）指出，京津冀协同发展中的生态环境协同保护是推进京津冀协同发展的率先突破口之一，其协同保护的制度框架在逐步完善中，但从该区域生态环境污染状况看，其协同保护的效果不明显，联防联控的效果不具有持续性。蔺丰奇和吴卓然（2017）认为，京津冀地区雾霾污染治理成效不佳的主要原因是区域行政约束和治理模式的“碎片化”。韩兆柱（2018）提出，京津冀地区经济发展稳步提高，但经济快速发展所日益积聚的生态环境问题越来越突出，大气污染、河流污染等一系列环境问题加大了京津冀地区之间跨区域生态治理的难度，而加强地区合作已成为京津冀生态治理的必由之路，选择恰当的合作路径成为解决生态治理难题的关键。杨森等（2019）利用 STIRPAT 的扩展模型，使用京津冀的行业动态面板数据进行研究，发现京津冀生态化与规模、技术、结构和政策效应高度相关；河北重组效应显著，天津主要是能源结构的优化，而北京则更多为结构升级效应。余茹和成金华（2019）结合数据的可得性构建了涵盖生态自然、生态经济、生态社会 3 个方面 19 个指标的生态文明评价指标体系，对京津冀 13 个城市的生态文明指数走势及特征进行了评价，得出结论：京津冀生态文明建设状况差异明显，北京、天津等发达城市基础好，提升速度较慢，但总水平远高于河北省；河北省内生态文明建设分化较为严重，不同城市间差异明显。可见，京津冀的生态协同发展，虽道阻且长，但行则将至。

第7章　京津冀能源—经济—生态环境系统

能源是人类社会赖以生存发展的一种资源，能源消费与经济发展息息相关，能源是经济发展的助推器，同时经济的发展也要求能源的变革。从能源的开采、加工和运输，到二次能源的生产以及电力的传输和分配，再到能源消费，每一个阶段都有可能引起局部乃至全球性的环境问题。能源与环境相互协调，能源开发和利用引起的环境问题是必须关注的现实问题。

7.1　京津冀地区能源与经济之间的关系

40多年来，中国经济突飞猛进。2018年，中国GDP达到了90.0万亿元人民币，约占美国GDP的66.4%[①]。同时，中国在能源领域的消费量也随之急剧增加。2010年，中国成为世界第一大能源消费国。2018年，中国能源消费总量达到了464 000万吨标准煤[②]。

7.1.1　能源发展是经济发展的基础

能源与经济息息相关，经济发展决定着能源需求，能源供应又制约着经济发展。能源为各行业的生产提供动力源泉，是生产活动正常进行的基础。生产环节对能源的依赖程度非常大。能源是国民经济发展的重要物质基础，因为要发展就意味着要改变原来的面貌，也就是要变化。世界上的一切变化都伴随着能量的消耗。一个国家的工农业生产越发达，生产出的产品越多，它所消耗的能源也就越多。因此，能源是经济发展的基础。

---

① 资料来源：中国统计年鉴。
② 资料来源：国家统计局。

7.1.2　能源消耗随经济的增长而增长

学者对能源和经济的关系主要有两种观点：一种观点认为，经济增长与能源供应存在着固定关系；另一种观点认为，经济增长与能源供给不一定相关，可以采用节能技术、调整经济结构等控制能源需求。中国的经济增长加速了能源需求的增长。因此，要想实现中国经济的可持续发展，必须正确处理能源与经济增长的关系。

2009～2017 年北京市、天津市和河北省能源消费量与地区生产总值发展趋势分别如图 7-1～图 7-3 所示。

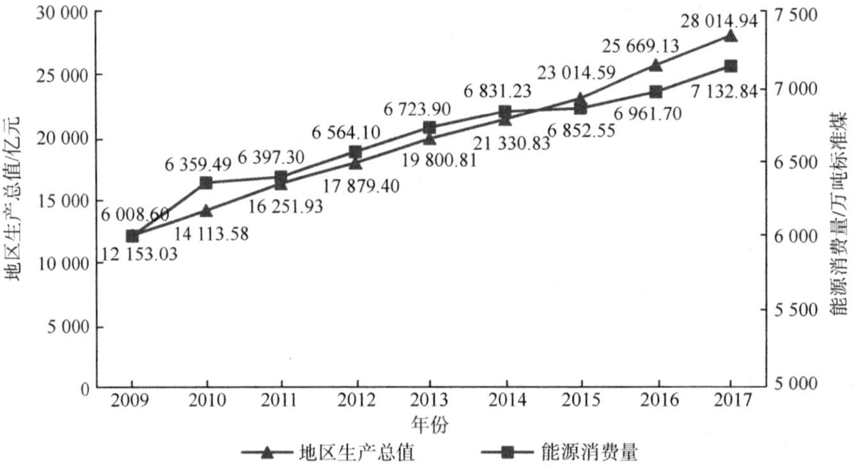

图 7-1　2009～2017 年北京市能源消费量与地区生产总值发展趋势

资料来源：国家统计局及《北京统计年鉴》

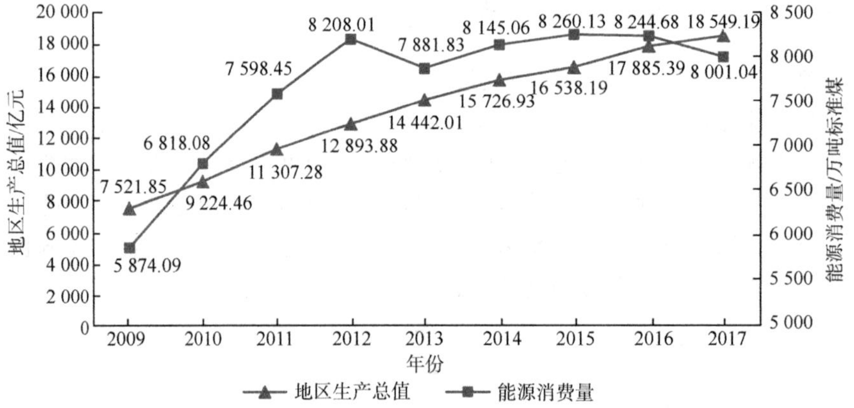

图 7-2　2009～2017 年天津市能源消费量与地区生产总值发展趋势

资料来源：国家统计局及《天津统计年鉴》

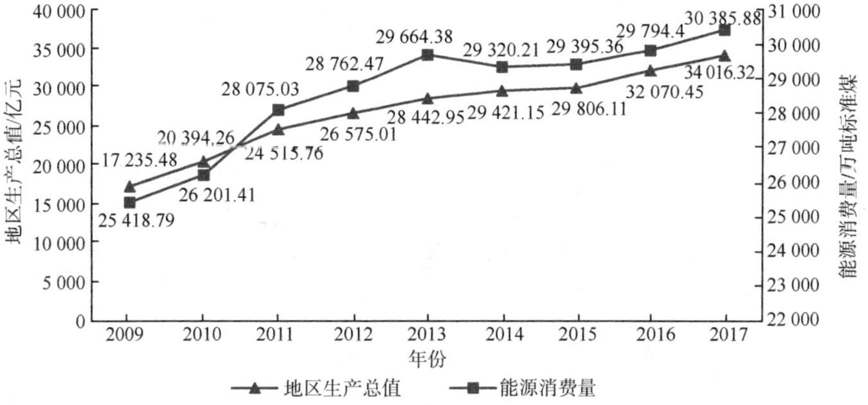

图 7-3　2009～2017 年河北省能源消费量与地区生产总值发展趋势

资料来源：国家统计局及《河北经济年鉴》

由图 7-1～图 7-3 可以看出，京津冀三地的能源消费量与经济增长走势基本吻合，说明能源消费量是经济发展的重要影响因素之一。2009～2012 年，京津冀经济快速增长，2012 年后经济增速持续下滑，能源消费和碳排放的增速放缓。京津冀单位地区生产总值能源消费逐渐下降，说明能源利用率逐步提高，经济发展对能源的依赖性在减小。

7.2　京津冀地区能源与生态环境之间的关系

由于经济技术相对落后，在经济增长的同时，产业结构与能源结构不合理以及开放程度较低等因素产生了能源过度消耗和环境破坏等一系列问题。在中国，能效较高的石油、天然气消费比重较小，与此形成鲜明对比的是，2018 年煤炭消费占能源消费的比重达到了 59%。因此，中国能源效率较低的一个原因便是能源结构的不合理。尽管在提高能源效率领域做了大量的工作，单位 GDP 能耗已经从 2000 年的 1.47 吨标准煤/万元下降到 2018 年的不足 0.6 吨标准煤/万元[①]，中国调整能源结构、提高能源效率仍迫在眉睫。

京津冀地区是全国大气污染最严重、能源消耗强度最大、水污染最严重最紧缺的区域，资源与发展存在尖锐矛盾。区域内能源的供求及变化存在着显著的时空差异。能源供不应求，不同城市的能源供需缺口也不同，这些城市之间应当加强能源合作。

---

① 参见 https://t.qianzhan.com/caijing/detail/181227-09199b26.html。

2009～2017 年北京市、天津市和河北省能源消费量与 CO_2 排放量比较分别如图 7-4～图 7-6 所示。

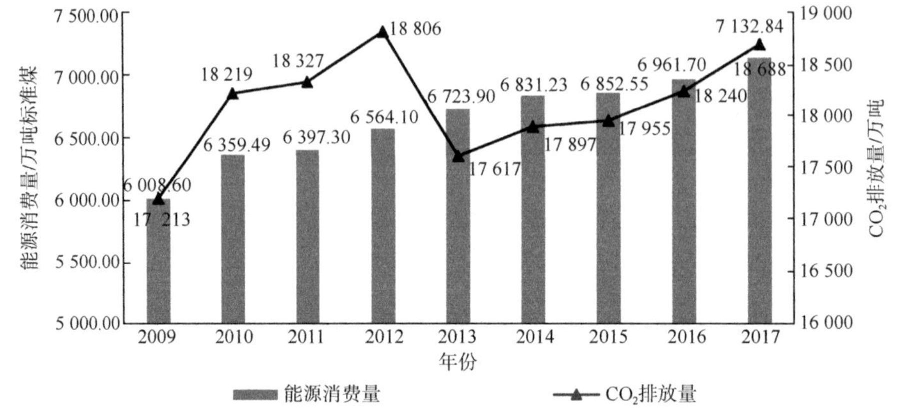

图 7-4　2009～2017 年北京市能源消费量与 CO_2 排放量比较

资料来源：《北京统计年鉴》及《中国能源统计年鉴》

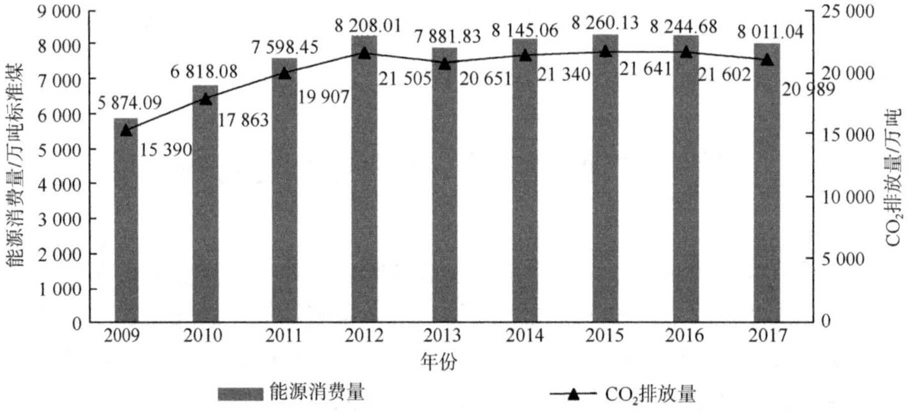

图 7-5　2009～2017 年天津市能源消费量与 CO_2 排放量比较

资料来源：《天津统计年鉴》及《中国能源统计年鉴》

由图 7-4～图 7-6 能够看出，京津冀能源消费增长导致碳排放增加，碳排放变化又影响能源消费变化。京津冀地区经济发展伴随着能源消费和碳排放的增加。然而，碳排放增加并没有推动经济快速发展，京津冀实施节能减排不会影响本地区经济增长。

综上，京津冀调整能源结构已是箭在弦上，低碳环保工作具有巨大潜力。我们应在京津冀协同发展战略的框架下，强化供给侧结构性改革，借鉴发达国家经验。从能源消费结构剖析影响京津冀煤炭、石油及其他能源结构变动的因素，贯彻新发展理念，增加清洁能源使用量。减少煤炭消耗的同时，发展风能等清洁能源，提高燃油质量标准，加强大气污染防治。我们在河北、天津等地了解到发展清洁能源的远大前景，令人振奋；在京津冀地区看到现代化热电厂，北京等地积极推广“煤改电”“煤改气”，看到了压减煤炭尤其是农村散煤的努力。

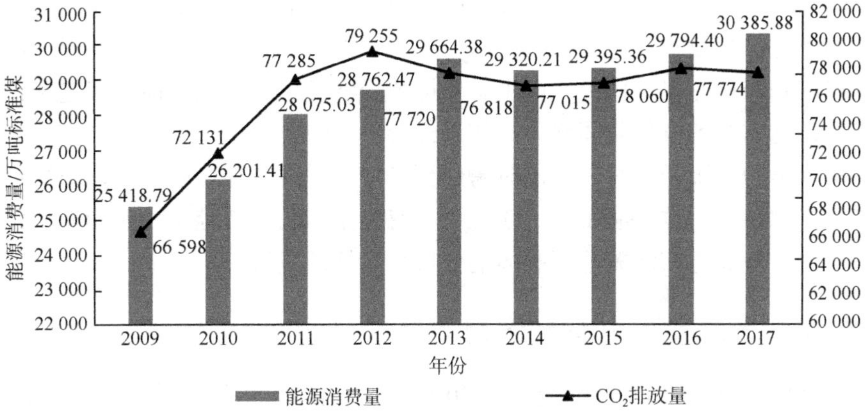

图 7-6　2009～2017 年河北省能源消费量与 CO_2 排放量比较

资料来源：《河北经济年鉴》及《中国能源统计年鉴》

7.3　京津冀生态环境与经济之间的关系

人类社会得以正常运行和发展离不开良好的生态环境，生态环境不仅能够对经济的发展产生促进作用，而且能够对经济的发展起到阻碍作用。因此，在重视经济发展的同时，绝不能忽视生态环境的重要作用。生态环境不仅能够为动植物的发展提供合适的场所，而且产生了许多在人类社会发展过程中不可或缺的重要资源，能够为人类社会的生产和生活提供强有力的支撑。生态环境具有净化功能，经过生态系统的净化，经济发展过程产生的环境污染问题会有所改善。但这一净化能力是有限的，一旦污染问题过于严重，超过生态可净化的能力，那么就会产生资源短缺、环境变差等问题，从而使得生态环境对于经济发展和社会进步起到一定的阻碍作用。因此，在强调经济发展的同时，不能忽略生态环境在这一过程中的重要作用。

经济的发展不仅会受到生态的影响，反过来，经济对于生态环境的作用也不容小觑。一方面，经济的发展进步能够为生态环境的治理提供一定的物质基础，如先进器械设备的发明与运用，能够大幅提升生态治理的效率。另一方面，当经济发展到一定程度时，也能够引起政府部门对生态环境治理的重视，出台更多的保护与治理措施，以及会投入更多的治理资金等。这些都对生态环境的良性循环有着积极的作用。

在生态经济建设的过程中，通过引入循环经济的发展模式，推动经济建设与环境保护的协调发展，是一条可持续发展的创新之路（陈艳芬，2006）。生态环境与经济发展从来都不应该成为对立的双方，而应处于一种相互依赖的关系之中，是统一不可分割的。只有正视生态环境质量与经济间的关系，对于已经出现或可预测到的矛盾进行及时解决、妥善处理，才能协调好二者的关系，进而对经济社会的发展起到积极的促进作用。而生态环境与经济发展间的关系能否稳定和谐地维持下去，这需要各方的共同努力。作为改善生态恢复环境的示范区，京津冀地区在化解环境和能源矛盾时，应同时考虑到经济的发展和环境的保护，不能过分强调一方而忽视另一方（张栋才，2017）。只有当生态与经济处于一种相互协调的关系下时，才能促进京津冀地区整体的健康可持续的发展。

7.3.1 北京市生态与经济的关系

《北京城市总体规划（2004 年—2020 年）》中对北京市的性质做了明确阐述，即北京是中华人民共和国的首都，是全国的政治和文化中心，是世界著名古都和现代国际城市。为实现以人为本、和谐发展、经济繁荣、社会安定的首善之区的目标，必然要发展循环经济。北京市生态与经济的关系主要体现在以下几个方面。

为构建生态与经济的协调发展，北京市开展建设了一系列生态建筑。经济上的发展离不开城市建筑的进步，因此，协调好经济与生态建筑间的关系，对于促进经济的良性循环、生态的健康发展意义重大。早在 1988 年，北京市的建筑业就率先进行了节能减排工作，但当时由于社会对建筑节能上的认识不够，规范化、标准化的生态建筑并没有建立起来。但随着经济的不断发展，节能环保、建设生态城市的号召逐渐增强，关于建筑业的节能标准与规范逐步出台，用制度化的条文为生态建筑的发展明确了前景。北京市生态建筑的建设要求不仅要利用太阳能等可再生能源来降低建筑的能源消耗，而且还要注重自然通风、自然采光与遮阴（葛竞天，2009）。与此同时，需要充分采用环境友好型材料，以提高采暖、制冷、照明、给排水系统等的运行效率，推动生态建筑技术的研发和应用（董宪军，2002）。

森林既能够起到调节空气与水的循环、改善气候的作用，也能够为经济的发展提供重要的支撑。因此，保护森林的生态平衡对于经济的可持续发展大有裨益。如果自然生产力能够得到保护和充分利用，即生态环境得到保护，并且按照自然生态系统良性循环的结构与功能进行生产，便可实现持续发展（任荣荣，2006）。2018 年，北京市森林面积为 777 603.5 公顷。为了适应北京市林业可持续发展的需要，对于林业部门的科技人才队伍的壮大和素质的提高应尤为重视，要加大对于人才和林业基础设施的投入和支持力度，使林业的发展能够更好地与经济发展相适应。

7.3.2　天津市生态与经济的关系

天津市的传统产业结构所占比重较大，传统重工业产业对于工业总产值的贡献较多，但与此同时，重工业产业也成为生态环境污染的重要来源。在如今经济转型升级的时期，重工业实现效率的提升与缩减污染物的排放刻不容缓。天津市注重生态环境保护，开展了卓有力度和成效的环保治理工程，2017 年开展了“环保风暴”，整治了两万多家高污染、高耗能企业，这些措施大幅度降低了环境污染的排放量（王会芝，2019）。天津市制造业的发展是推进产业转型升级的重要领域，天津市应制订相应的产业转型升级的具体方案以及产业规划整体布局，大力发展高端、高质量的产业链。同时应顺应时代的潮流，利用互联网的优势积极推进智能制造。

天津市由于独特的地理位置，拥有极为丰富的滨海湿地及候鸟生态资源，这些资源如若充分加以利用，对于天津市经济的发展将有着积极的促进作用。但由于人们对这些直接经济效益较低的资源缺乏充分的认识，其战略意义往往被忽视。这些独特生态资源的产业价值和生态价值都有着不可替代的功能。滨海湿地是国家一级重点保护动物——遗鸥最重要的越冬地，也是 4 种受威胁鸟种（东方白鹳、白腰杓鹬、大杓鹬、黑嘴鸥）的重要栖息地，更是沿海居民的重要生态安全屏障，其已达到国际重要湿地的标准（禹泽熙等，2019）。由此可见，这些生态资源有着巨大的开发价值。然而，对于这些生态资源的保护行为仍多半停留于被动保护的阶段，开发的层次较低。

目前来看，对于天津滨海湿地自然资源的保护不当，甚至是破坏行为主要表现在以下几个方面：大规模的围海造田和围垦养殖使得滨海湿地原有的生态平衡遭到破坏；外来物种的入侵使原有物种的平衡关系被打破，一些物种已经有所退化；部分居民对自然海岸线的保护区段存在着使用“绝户网”进行过度捕捞和过度滩涂采集等破坏行为，这对滨海湿地的候鸟觅食和底栖生物群落产生了较大的不利影响。由此可见，人们的生态环境保护意识亟须转变，对于自然资源的保护的行动需立即展开。只有这样，才能取得“绿水青山”与“金山银山”的双重收获。

7.3.3　河北省生态与经济的关系

河北省的坝上地区是一个极为特殊的生态区域，不仅能够为北京提供生态屏障，而且还承担着建设京津冀生态支撑区的重点任务。尽管坝上地区的自然生态环境总体良好，但却是一个常年干旱少雨的生态脆弱区。因此，无论从“经济强省、美丽河北”的角度考虑，还是从实现京津冀生态支撑区和首都水源涵养功能区“两区建设”目标出发，都应该充分立足坝上人口经济社会和生态状况实际，统筹规划、整体施策，推进人口转移、产业优化、协同治理，加快实施坝上生态修复，建设坝上生态经济新体系（王文录，2018）。这不仅对于河北省的生态环境保护起着很大的作用，而且能够推动经济的长远发展。

2011 年 11 月，国务院批准实施《河北沿海地区发展规划》，标志着河北沿海地区发展规划上升为国家战略（王栋和侯秀芳，2013）。要促进河北省沿海地区的经济发展，生态环境问题成为一个不可忽视的重点。其中，首要问题就是对于能源的利用效率偏低，而且环境污染问题严重。工业产业的排污导致水资源、空气以及固体废物等的污染严重，致使农业和渔业受到惨重损失，这对于经济的可持续发展是不利的。因此，河北省应多方共同协作，采取一系列措施解决目前存在或可能产生隐患的问题：要积极提倡对于新能源的利用，降低碳排放量；在农业上要改进耕种技术，提高对土地的利用效率，减少对资源的浪费和对环境的损害。

河北省的太行山区具有独特的自然环境和人文历史背景，是京津和华北平原的重要生态屏障，同时由于受自然因素和人为活动影响，植被稀疏、水土流失严重（陶佩君等，2011）。但通过充分利用该区的自然特点，扬长避短，能够实现生态与经济的双重效益，实现特色经济的跨越式发展。充分运用气候干燥通过合理地开发和治理山区的生态环境，依据当地的资源优势，改造传统技术和开发新技术来培育支柱产业，延长产业链条，最终能够实现太行山区生态—经济—社会复合系统的可持续发展的科技脱贫道路（杨忠娜等，2009）。

7.4 京津冀协同发展中存在的问题

7.4.1 区域发展差距依然悬殊，公共服务水平落差大

京津冀地区的区域发展差距主要体现为河北省与北京市、天津市的经济发展和居民收入的差距。2010 年河北省人均地区生产总值分别为北京市的 38.82%、天津市的 39.27%，2017 年下降为北京市的 35.19%、天津市的 38.16%。2010 年，河北省城镇居民人均可支配收入相当于北京市的 55.94%、天津市的 66.95%，2017 年则分别相当于北京市的 48.95%、天津市的 75.84%[①]。

7.4.2 京津冀三地的市场壁垒仍然存在

京津冀协同发展表面上是资本、产业和人口在方向上的流动，但是，在体制

① 资料来源：国家统计局。

机制方面的改革是有序疏解北京非首都功能、推动京津冀协同发展的制度保障。目前，京津冀三地市场的隐形壁垒仍然存在，只有解决好制约三地协同发展的矛盾，充分利用国家政策方面的优势，并根据各地的实际情况来因时制宜地提出相应的改革措施，才能更好地推动京津冀协同发展。京津冀地区基础设施的互联互通不仅在于硬件，更在于软件，只有双管齐下，协同发展的效果才更加显著。

7.4.3　京津冀区域的利益格局难以协调

在经济层面，京津冀协同发展战略实施以来，关于产业转移、非首都功能疏解、要素外迁等不可避免的利益流失，三地始终没有能够很好地达成制度性的、常态化的协议（魏丽华，2018）。例如，虽然由财政部和国家税务总局出台的《京津冀协同发展产业转移对接企业税收收入分享办法》中，对三地共同分享的税种、分享方式和保障措施等进行了明确的规定，但是在实践过程中，关于产业转移带来的税收分成仍受到诸多羁绊。津、冀两地的诸多部门和企业都不同程度地反映，在涉及围绕非首都功能疏解带来的产业转移、企业外迁等具体事项时，某些部门仍吝于“一亩三分地”的固有思维而纠结不前（魏丽华，2018），这种情况的出现对推动京津冀协同发展会产生不利的影响。

在社会层面，河北省境内环绕北京、天津大片欠发展地区的存在一直备受瞩目。为顺利实现区域协同发展，尤其是欠发展地区的全面提升，不仅是河北省需要做出一定的努力，北京和天津也都要付诸行动。但就这三个地区所推出的举措来看，就北京和天津两市而言，更多的是停留在金钱补偿这一层面上。但是，来自北京和天津两市的补偿标准与它们对本地的补偿标准相比，这一差距有着很大的悬殊。也就是说，北京和天津对于河北境内的欠发展地区，其举措更多的是通过给予一些金钱补偿这种简单的解决方式，始终没有建立起长效的“输血”与“造血”机制。

在生态层面，河北作为北京和天津的生态屏障，为北京和天津的发展做出了巨大的贡献。事实上，解放后京津二市地域版图的变化、对原河北省地域的蚕食，基本上都是围绕战略资源——水资源展开的（魏丽华，2018）。为北京和天津持续提供优质水资源的张家口地区和承德地区，却并没有因为在产业上的牺牲而得到相应的补偿。生态治理作为公共物品的本质属性、相关利益主体的多元性、对各自利益多元化和最大化的追逐本性、地方政府协作治理整体目标偏好的差异性、地方治理成本与收益的失衡性、协作成员间影响力的不均衡性等诸多因素，导致了京津冀生态环境治理的困境（崔晶，2013）。

7.4.4　京津冀区域的协作力度不足

相比于珠三角和长三角地区，京津冀地区的紧密化程度相对较低，主要表现为产业分工不明确，产业同构现象严重，北京对周围地区的辐射效应失灵，而且更多地凸显了虹吸效应，“京津冀贫困带”就是一个明证（翟林，2015）。随着京津冀协同发展上升为国家战略，但由于相关具体规划的监督机制不够完善，土地审批不严、大量园区土地利用效率低、违法违规占地现象频发。

7.4.5 京津冀地区产业结构差异

在产业结构上，很多地方政府希望在京津冀协同发展的过程当中，北京能够发挥其较强的辐射带动作用，以促进天津和河北的经济发展。但由于各地的经济发展水平差距较大，这样做效果不会太好。可以看到，上海一直辐射到长三角地区，深圳可以带动整个珠三角地区，北京整个工业对周边农村的发展的带动作用较小，对河北的辐射作用也较小（李铁，2014）。因此，要促进京津冀协同发展，还要充分研究各地区的实际情况，做到因地制宜，这样做协同发展的效果才能达到最佳。

7.4.6 优质资源发展不平衡

由于公共服务水平以及各种优质资源的结合，北京不仅可以吸引更多人才，同时由于资源的集聚效应，还能够更加有效地汇聚更多的市场化要素。与北京相比，天津靠自身的政策及地理位置的优势，提出了滨海新区的发展战略，包括天津自身一系列的改革，如推行的宅基地换房的改革，对天津的发展起到了重要的支撑作用（李铁，2014）。相比起北京和天津，河北既得不到像北京一样的政策扶持，也没有能力吸引全国的资源到这里来投资，又没有像天津那么好的传统工业基础，只能发展和其资源相对应的工业企业，这使得各地的经济发展不平衡。

第 8 章　能源革命推动京津冀协同发展的对策建议

8.1　加快能源消费革命，推动京津冀地区互动转型

8.1.1　积极调整能源结构，大力推广新能源

结合京津冀地区关于经济发展和节能减排的要求，京津冀地区能源消费结构的调整优化需要从以下几个方面入手。

第一，降低煤炭消费比重。首先，控制煤炭消费，加强淘汰落后产能工作，推动去产能任务，促进煤炭、电力行业落后产能退出。其次，积极推动传统能源清洁化改造，实现煤炭清洁开发和高效利用，促进石油产品的改造和加工，对煤炭实行绿色开发。最后，提高清洁能源在能源体系中的比例，推广冬季清洁能源取暖，根据“宜气则气、宜电则电”的原则，稳步推进“煤改气”和电能替代，确保各地禁煤区建设任务按期完成，抓好燃煤锅炉的关停整合和提标改造工作，相关区域严令禁止燃烧散煤。

第二，提高天然气消费比重。北京市应该引导天然气能源加速发展，增加天然气能源的消费比重，可利用灵活的弹性价格机制，实行季节性差价政策。同时，鼓励市场化公开透明交易，以扩大天然气能源的消费。天津市应该利用优越的地理位置，通过进口液化天然气项目的建设，完善其接收、储运设施，加强气源引进的统筹协调，进一步提高天然气在生产生活中的消费比重。河北省则需要加快落后工业产能的有效退出，扎实推进煤炭消费减量替代工作，加快煤炭产能升级改造和新能源建设，以减少煤炭消耗总量，降低煤炭的消费比重。此外，河北省作为京津地区的迁出产业承接转移地区，应根据产业转型升级方向，设计规划产业集群发展路径，合理布局，提高承接产业转移的质量和科学性，同时控制好能源消费总量。

第三，构建高效生态产业体系，调整优化产业结构，将改良能源消费结构作

为一项长期工作。京津冀地区应着力于促进产业结构生态化，从整体上调整和优化低能源效率的传统产业结构，摆脱其对煤炭消耗的过度依赖，构建能源节约型和环境友好型的现代产业循环体系，以生态优先的产业发展理念指引传统能源消费结构的重新设计和定位，从而实现能源消费结构的优化。例如，应着力解决传统行业中产能过剩造成的大量资源浪费问题，加大对与保护生态环境相冲突的行为的监督管理力度，鼓励现代高端产业和新型生态产业的发展。北京市应大力培育和发展高技术产业，进而引领和带动其他产业的转型发展；天津市可凭借良好的地理优势，将发展的主攻方向放在现代制造业、海洋经济等；河北省则应抓住承接京津地区产业转移这一契机，发展商贸物流业，推进产业转型升级。

8.1.2　加强节能理念宣传，推广绿色低碳消费

在节能理念宣传方面，政府要利用电视、杂志和报纸等媒介在城市公交和地铁等公共区域加大宣传力度，使公民自觉树立节约能源的消费观念并付诸生活实践中，例如倡导居民在生活中多使用节能产品、出行尽量选择公共交通等，从而实现能源的节约，并且能够有效解决城市雾霾严重的问题。在公共交通方面，要构建完善的城市交通体系，积极投资建设城市公共交通，实行公共交通收费优惠政策，加强出租车行业的收费标准管理，提高居民选择公共交通出行的比例。而对于私家车的使用要加以必要的限制，积极鼓励和扶持新能源汽车的产销，同时，制定私家车废气排放量的统一标准和相应合理的处罚措施，并加以严格执行。

此外，政府应继续健全生态环境监督和管理制度，推进治理体系和治理能力现代化。还要积极鼓励和支持节能汽车的研发和创新，不断改进新能源汽车的性能，从而减少碳排放量。针对不同的行业和企业，要求各个单位和部门针对能源浪费问题，根据自身能源消费情况，提出高效的节能方法以及对不遵守规定的相应处罚措施，在整个行业和企业范围内实施严格管理。政府应发挥好监管作用，针对高耗能产业尤其是第二产业，制定和完善统一的节能标准和节能措施，推广使用节能环保技术与材料。同时，进一步加大生态文明建设，持续深化生态环境监管体制改革。

8.1.3　推进产业承接平台建设，加快京津冀地区资源流动

为推动京津冀协同发展，促进京津冀先进制造业、现代农业和现代服务业的深度融合，加快产业承接平台建设，降低能源消费比例，对京津冀地区的产业转移升级和能源消费调整提出以下建议。

第一，北京作为京津冀发展的核心地区，首先要显著降低能源消耗强度，由于北京具有众多优势，其内部包含了众多产业，但是对于不同的产业，在产业转

移过程中，应当实行差别化策略。在产业转移初期，为了有效降低北京的能耗，可以先转移能耗高而效率低的产业，保障本地区在降低能耗的同时不会大幅度影响经济发展。随着京津冀地区一体化进程的不断向前推进，再逐渐转移技术相对成熟的高耗能产业，对该类产业的转移淘汰，将有利于减少北京地区的能源消费总量，有效减少环境污染。

第二，天津和河北作为北京产业转移的承接者，在这个过程当中，不仅要考虑产业结构的优化，还需要更加注重改变高能耗产业过度依赖能源资源的现状，在承接产业转移的过程中，不断完善落后高能耗产业退出机制，在技术创新和改造升级过程中实现能源节约。而河北作为北京移出产业的主要承接地，应立足于资源优势，主动抓住承接高新技术产业的契机，利用技术资源，提高那些高能耗产业的技术水平，这样不仅可以加快推进产业结构优化和改造升级，还能在产业承接过程中降低能耗，实现产业规模效应，拉动河北经济发展。

第三，加速推进京津冀协同发展，推动三地大力发展循环经济，积极探索新技术，提升能源利用效率，加快建设互联互通的交通网，使得三地的交通运输系统更加便利，使京津冀资源要素能够充分合理有序流动，通过产业转移升级有效避免能源低效利用，且通过积极发展循环经济和改进循环技术，使整体能源利用效率得到有效提升，降低资源消耗，实现能源的可持续利用。

8.2　推进能源供给革命，加速京津冀一体化建设

8.2.1　推进区域用电用气保障，构建京津冀综合能源体系

合理布局地区能源基础设施，规划建设能源高端应用示范区，鼓励多能互补、智能融合，应从以下几个方面合力推进。

第一，加强区域用电保障，加快电网一体化建设，实现东南西北四个方向的电力输送。此外，还应当加强电力主网系统优化改善，规划建设大型变电工程，使区域电网合理布局，保障电力有效运输。对于北京农村区域的电网建设，应当完善电力供应服务体系，保障区域供电稳定性。总体来说，应推进电源多元支撑体系建设，发挥新能源和分布式电源的共同作用。对于天津地区而言，应当推动特高压输电通道建设，同时积极加强其他清洁能源的开发利用，提高非化石能源消费比例。对于河北地区来说，在能源发展过程中，应当优先安排高效电源上网，加快推进农村电网改造，积极推动能源互联网建设。

第二，构建多层次储气体系，推进气网一体化建设。首先，加强天然气基础设施建设，构建多层次储气系统。建立以地下储气库和沿海液化天然气接收站为

主要储气源，以重点地区内陆集约化液化天然气储罐为辅助储气源，以管网互联为支撑的多级调峰储气系统。其次，构建辅助服务市场，加强政府监管，增加惩戒力度。鼓励各方自行或合资建设储气装置，或者通过购买和租赁方式，自觉履行储气责任。坚持以市场为导向确定储气设施和服务的价格，合理控制储气调峰成本，提升储气设施项目的经济性。全面提升市场监督管理，将储气责任的履行和安全用气保障作为重要的考核问责条件。再次，实行季节性差价政策，支持市场化交易。供应方和需求方充分利用灵活的价格机制，灵敏反映天然气在不同季节的供求情况变化，据此及时调整淡旺季的差异化销售价格，引导居民旺季减少用气、淡季增加用气，灵活调节不同时段的储气用气能力。此外，鼓励用户在天然气交易中心等平台进行公开透明交易，充分发挥市场机制在配置资源中的关键作用，形成市场化价格，使市场达到最优均衡。

第三，推广多元化能源发展，优化区域能源供给结构。此外，可以勘探并利用地热资源。京津冀地区是我国“地表严重沉降”区域之一，开发地热，保持“采灌平衡”，既可防止地表沉降，以及高矿化度地下水对地表的污染，也有助于保持热储层原始组织结构，从而保持热水旺盛的生产能力，实现高质量、高速度、高效益利用地热资源。同时可以规划发展生物质能发电技术，有效利用生活垃圾中的生物质燃料，将其转化为电能和热能，既能缓解城市的垃圾处理压力，也能降低能源消耗；还应通过压缩煤炭消费比例来实现综合能源体系的优化，促进煤基主体向多能协调耦合转型，通过鼓励使用多元化能源来降低煤炭在能源体系中的比例，宜节能则节能、宜电则电、宜气则气，广泛寻找多种替代能源，统筹谋划能源形式，积极推进地热、太阳能、工业余热、生物质能等可再生能源利用。

8.2.2 加强三地战略合作，形成多向保障格局

京津冀三地内部应形成高效的战略联盟，推动京津冀协同发展。具体来看，首先要明确不同地区自然资产的产权，分别对维护和破坏自然资源的行为制定补偿和惩罚措施。其次，主张平等合作，同向发力，确定统一的战略目标，从地区政策方面达成共识，在此基础上，意识到各地发展的差异，求同存异，形成既完全合作又良性竞争的局面。再次，京津冀应意识到环境污染的负外部性，形成跨区域的生态环境联防联控机制，重拳打击高污染源。最后，促进新型城市化规划发展，打造绿色智慧城市群。对于京津冀区域“大城市病”的治理，三地应努力优化城市空间布局和分工协作，以区域空间规划为基础来布局基础设施和产业分工，增强京津冀综合承载能力和协调发展水平，调整和优化交通网络系统，提高城市群之间的可通达性，始终坚持以人为本的原则，全面提高城市化质量和水平，增强城市化可持续发展能力，为打造绿色智慧、生态宜居的国际化先进城市群奠

定基础。同时，提高区域能源的配置水平和利用效率，优化能源结构，促进清洁能源的统筹开发，为促进地区绿色低碳发展发挥重要作用。

除了地区内部交流合作，京津冀地区也应共同与外部建立合作关系，不断推进与周边资源丰富地区的战略合作，加强新时代城市群的对外开放水平，提升资源利用效率和服务设施水平，形成多元多向的保障格局。此外，在“一带一路”的发展背景下，京津冀地区应牢牢把握这一机遇，推进与周边国家的电力互通工程，加强国际能源合作，实现优势互补、互利共赢。

8.3　实现能源技术革命，以科技带动京津冀能源综合转型

清洁低碳、安全高效的“互联网+”智慧能源系统是能源系统建设的目标。对能源系统自身而言，安全始终是第一位的，在此基础上，通过“智慧化”可使能源转化效率、能源传输效率、能源基础设施利用效率、能源与经济社会的结合效率显著提升，同时更好地消纳清洁可再生能源，最终实现能源系统高效、清洁、低碳的目标。通过“互联网+”智慧能源系统的建设，可实现各类能源信息的充分有效有序共享，实现各类业务的在线快速办理，最终实现城市能源系统智慧便捷的目标。因此，本节从打造“互联网+”智慧能源系统，构建京津冀协同发展创新平台；建设全国能源安全运行调度指挥中心，实现跨地区能源调配；合力开展能源改革示范工程，发挥地区协同创新作用三个角度提出实现能源技术革命，以科技带动京津冀能源综合转型的政策。

8.3.1　打造“互联网+”智慧能源系统，构建京津冀协同发展创新平台

打造京津冀协同发展创新平台，主动利用三地的独特优势，鼓励高效储能、智慧融合控制等关键技术研究，促进不同主体间的节能环保创新。

第一，培养以“互联网+”为核心的智慧能源思维。在大数据时代，京津冀在打造三地智慧能源系统时，应主动破除原有的旧观念，积极利用互联网思维来建设三地能源系统。第二，统筹规划京津冀三地智慧能源系统的发展。结合北京的技术优势、天津的地理优势以及河北的能源优势，明晰三地利用互联网思维发展智慧能源系统的思路以及整体规划。第三，汇聚三地优势资源，对智慧能源系统建设中涉及的关键技术问题进行重点研发，并加快“云计算”在京津冀地区能源领域中的应用。第四，建立与京津冀智慧能源系统发展相适应的监管机制。应根据京津冀地区智慧能源系统的发展状态以及特有情况对现有的监管机制进行调整，运用互联网技术手段加强对三地能源产业的监管力度，为“互联网+”智慧

能源系统的发展创造公平、合规的外部环境。

8.3.2 建设全国能源安全运行调度指挥中心，实现跨地区能源调配

京津冀地区应积极利用自身优势和基础，主动构建全国能源安全运行调度指挥中心，积极建立高效、安全、低碳、经济、共享、可持续的现代智慧能源系统。

京津冀地区在构建全国能源安全运行调度指挥中心时，应主动借助信息化，依托京津冀地区丰富的资源和先进的技术，从以下几点构建。第一，各级互联互通，打破信息孤岛。根据能源类型建立多个调度指挥子系统，并将其有机整合起来，以实现各级能源生产、消费和监测信息的有效流通和共享。第二，攻克空间障碍，实现协调统一。利用先进的操作系统和传输技术，要求各地区主动上报能源数据，实现实时调取日常数据、图形、图像、视频、音频等信息，协助指挥中心更加合理地协调调度，统一支配资源，保证全国范围内能源安全高效运行。第三，资源高效整合，加强联动处置机制。由于各级区域存在一定程度的差异性，全国能源安全运行调度指挥中心能够让各区域的联系更加紧密，有效避免沟通渠道堵塞导致能源安全出现异常情况。此外，通过互联网促进能源系统扁平化，积极建立京津冀跨区域能源协同示范点等，推动热电联产、冷热电三联产和小型分布式能源建设，在全国能源安全运行调度指挥中心中，能源流可以像信息流一样多元、双向、顺畅和自由，由信息配置资源，由能源创造价值，最终实现能源的安全、可负担和可持续利用，增强京津冀地区人民的获得感和幸福感。

8.3.3 以技术转型带动京津冀区域协同发展

建设京津冀能源协同创新中心，以能源技术转型带动三地协同发展，促进地区信息交流与资源共享，实现从燃料向燃料原料开发并重转型，实现从单一煤基主体能源向多能协调耦合转型，实现从高碳粗放型向超低排放清洁高效利用转型，实现从能源生产消费向互联互动智能化方向转型。集中力量实现一批关键核心技术的重大突破，用重大创新成果带动全局，提升产业科技创新能力。

8.3.4 合力开展能源改革示范工程，发挥地区协同创新作用

推进北京海淀北部新区能源互联网示范项目、中新天津生态城能源互联网综合示范工程、河北煤炭集约开发示范工程、张北风光热储输多能互补集成优化示范工程等一批示范工程。此外，全球能源互联网战略的推进使现代能源系统呈多能耦合互补特性，但是由于能源互联网中设备元件众多，网络耦合关系复杂，如何统筹多类型需求响应项目，需要重点关注。在开展能源改革示范工程的同时，为确保京津冀地区的能源实现有效流动，还应建立跨区域的能源安全运行调度中心，在能源互

联网的背景下，电力系统和天然气系统在能量流上相互依存，密不可分。但在实际决策中，两者又是分属于不同调度机构的自治系统。因此应研究各能源主体互动下的“价格—需求”动态变化关系，建立与能源需求响应相契合的安全运行调度中心，确保能源能够像信息流一样在京津冀地区顺畅流通，实现整个区域能源的联动发展。

8.4　加速能源体制革命，保障京津冀能源协同发展

8.4.1　构建能源服务市场，完善能源市场协同机制

京津冀地区应建立一致的市场准入标准，鼓励各主体积极参与能源交易和基础设施建设，共同推动三地能源市场有序发展，逐渐提高能源直接交易比例，积极倡导京津冀区域能源行业中的大型企业以股权形式展开合作，利用自身优势引入社会资本。同时，京津冀地区应加速统一能源标准体系，通过政府引导，借助税收优惠、财政补贴、项目基金等形式，完善地方财税政策，激发企业能源创新活力。此外，京津冀地区应共同完善有关能源领域的法律法规，采取高门槛的能源产业进入标准，对于一些高能耗、高污染的企业，应当适度提高其准入技术门槛，如在生产资源价格方面进行限制，进而推动其提升生产技术。加强约束能源企业的节能标准，对于一些不能达到标准的生产项目坚决否决，对于拥有落后产能和技术的能源企业坚决予以淘汰，合理利用高准入门槛推动能源领域实现优质合理发展，推动其向低能耗、低排放、低污染的发展模式转变。此外，三地政府还应加强节能减排方面的引导作用，同时注重市场手段在能源领域的运用。

8.4.2　实施政策引导，加强京津冀地区协同力度

对中央政府而言，可以利用财政转移的形式，设立京津冀能源协同发展基金，释放良好的制度信号，吸引更多的社会资本流入。大力发展生态金融，引导京津冀生态服务业的发展，提高京津冀地区的造血功能。

从京津冀地区内部来看，首先，三地应当建立并优化能源产业布局、技术、资金分配和人才等政策，形成协同建设和共享互助的合作机制，清除三地能源协同发展障碍，为打造京津冀能源协同体系创造条件。其次，三地应建立公平有效的利益分享机制，制定一致的合作原则，完善利益补偿机制，规范区域内利益协调组织。相比北京和天津，河北在经济发展方面较为落后，北京和天津可以在经济方面给予适当的帮助，进一步降低河北省在能源发展方面的资金压力，进而提升京津冀区域协同发展的整体效益。同时，国家可以在宏观层面上对京津冀地区三地的利益分配机制进行优化，不断深化京津冀协同发展理念，完善区域经济发

展、能源利用和环境保护协同机制，实现区域协同发展。

8.4.3 推进国家能源实验室建设，带动京津冀互联互动发展

由于京津冀地区高耗能和高污染的企业众多，北京疏散重工业企业后，天津和河北承接了众多工业企业。当前京津冀地区能源资源不足，空气污染严重，迫切需要建设国家能源实验室，而且京津冀地区产业发展成熟并且拥有发达的科技力量和先进的新能源技术，具备了设立能源实验室的前提条件。

京津冀地区均应从战略与全局角度出发，把提高能源利用率摆在地区能源战略发展的重要位置。政府在能源新技术的研发中应主动充当引领者，积极转变传统思维，重视技术开发环节，加大各类资源投入，借助地区的创新政策支持，通过技术研发、发明专利等，寻找出当前制约能源技术发展的瓶颈环节，定点突破，定向反馈，在研发新技术、提高能源利用率方面应做到以下几点。

第一，应从宏观上制定相关政策，采取必要的经济刺激手段来鼓励和支持企业使用清洁煤炭能源，借助财政拨款的扶持效果，增加对能源实验室的资金投入，加大对先进能源技术研究的支持力度，大力推进区域能源实验室的建设，主动引进国外先进环境治理技术和项目，达到降低碳排放量、促进京津冀地区协同发展的目的。

第二，建立完善的科技进步评价指标，及时监督和考核科研企业以及科研项目。对于高耗能企业，国家能源实验室应将其视为重点研究对象，将研发出的高新技术与先进设备应用到产品生产过程当中，通过降低龙头企业的能源消耗，提高能源利用效率，进而改善京津冀地区能源状况。

第三，充分发挥京津冀地区能源发展的大数据资源优势，建设国家能源实验室。京津冀地区具有能源发展重大战略需求，应充分利用京津冀大数据综合试验区的建设成果，在利用现有研发资源的基础上，整合优化各地区的优势资源，并通过总结借鉴国外先进能源实验室的经验，明确能源实验室的研究方向、研究内容、目标体系和技术路线图，在此基础上，培育具有京津冀特色的研究领域，积累、凝练和丰富京津冀能源实验室的文化，形成区域实验室的国际竞争力。

8.4.4 搭建能源、经济与环境综合系统，着力发展京津冀智慧城市

为了搭建能源、经济与环境系统，解决京津冀协同发展过程中的数据难以共享、业务缺乏融合、数据结构复杂等技术难题，三地应加大产学研合作，创新理念，抓住智能城市的发展机遇，着力开展精细建模、精准分析预测和多元服务等工作，紧扣智慧电力、智慧能源、智慧城市的发展脉搏，坚持创新驱动发展，加强科技成果孵化，积极探索综合能源数据分析平台利用之道，加快促进新理念、新模式与新技术的融合，以数字化创新模式推动公司管理转型，努力建成国内一

流、可推广、具备大量创新技术应用、开放兼容的大数据公共服务平台，开创能源科学、创新引领的新局面，构建开放的大数据平台创新模式。同时，使用综合用能行为创新技术，依托数据展现综合用能隐含特性的“知识迁移学习算法”，解决不同时空范围上数据缺失、不对称的问题，填补用能行为细粒度建模的空白，实现时空多尺度的全面能源需求预测以及能源与经济社会运营数据通道创新应用，解决用能特性的深度个性化分析问题，为政府部门提供实现宏观经济与能源数据联动态势的精确预测；为能源企业提供细粒度“用户画像”，精益化负荷控制策略；为每户家庭提供全面定制化服务，促进节能减排；为政府、能源企业和第三方软件企业提供 web 服务和移动服务 API（application programming interface，应用程序接口），实现数据共享和业务融合，实现能源、经济与环境综合系统在模式、技术和应用等方面的创新成果。

8.5　全方面推进国际合作，实现京津冀能源有效利用

8.5.1　加强“一带一路”合作，实现能源网络互联

通过加强“一带一路”建设，合理利用沿途国家的能源优势，实现京津冀区域的能源合理配置。第一，要用好“两个市场、两种资源”，发挥京津冀地区技术、资金、管理、品牌等综合优势，继续积极实行“走出去”的发展战略，提升京津冀地区在全球的能源资源配置以及在国际能源市场上的经营发展能力，高效抵御各类风险。第二，京津冀区域应通过与“一带一路”沿线国家开展能源合作，与其建立利益共享的伙伴关系，可利用三地地理位置与蒙古国在可再生能源以及煤炭领域方面的合作，推进跨国能源基础设施的建设，促进京津冀地区与“一带一路”沿线国家实行能源互联互通，还可与俄罗斯在天然气领域达成合作，搭建天然气传输通道。第三，京津冀要想实现能源协同发展，离不开与“一带一路”沿线各国的合作，应激发各国的合作潜力，共同破解绿色能源发展难题，加强成果分享，为区域绿色能源发展创造良好的商业环境，努力突破技术瓶颈，加快能源转型步伐，加强在节能、可再生能源等方面的交流与合作，携手推动各区域的绿色能源高质量发展。

8.5.2　借鉴国外能源转型经验，加速京津冀协同发展

第一，在京津冀能源协同发展的过程中，应将 5G[①]应用于能源领域基础设施

① 即 5th generation mobile communication technology，第五代移动通信技术。

的智能化建设。欧盟特别注重 5G 与行业的充分融合，在《关于 5G 架构的观点》白皮书中提出 5G 网络架构应具备为汽车、能源、医疗、教育等垂直行业提供定制化服务的能力。因此，京津冀在能源转型的过程中，应借鉴欧盟的观点，注重将 5G 与能源系统进行融合，利用 5G 网络高效率、低成本地提供各类新型服务。第二，区块链技术可以实现能源的数字化和分布式精准管理，因此，应与能源市场紧密结合。美国能源部提出"基于区块链技术的能源系统新概念"，探索区块链技术在管理电网方面的应用。英国石油公司和荷兰皇家壳牌石油公司领衔的财团将开发一个针对能源大宗商品交易的区块链数字平台。澳大利亚政府将提供 257 万澳元以支持一个应用区块链技术的光伏和用水两年试点项目。麦肯锡公司经过研究发现，对于石油和天然气这类能源行业，区块链技术的黄金期正在到来。第三，在京津冀地区大力推广节能建筑，有利于降低能源消耗。具体可参考英国贝丁顿零能耗发展（Beddington Zero Energy Development，BedZED）项目、德国索贝克公司设计的 R129 住宅和英国建筑研究院办公楼。顺应自然规律和气候变化节约能源消耗，可以配置相应装置来充分利用太阳能、风能和地热能，并设计能源循环利用装置来推动各类能源的有效利用。

第三篇

能源革命推动雄安新区建设

第9章　雄安新区建设与能源革命

当前以新一代信息技术为代表的新科技革命正在全球兴起，世界正面临百年未有的大变局的冲击挑战。以绿色低碳、高效安全为标志的能源革命不仅正在改变着全球经济版图，也必将从根本上改变着我国城市未来发展的空间形态、社会生产方式以及人们的日常生活行为。雄安新区作为影响我国经济社会发展全局的一项战略性工程，其规划建设无疑具有千年大计、国家大事的全局性意义。为此，从其规划建设的战略定位和功能目标出发，研究全球新一轮能源革命对其规划建设推进的方向、路径及相关政策无疑有着十分重要的意义。

9.1　雄安新区规划建设的战略定位

根据《中共中央　国务院关于对〈河北雄安新区规划纲要〉的批复》（2018年4月14日）和《国务院关于河北雄安新区总体规划（2018—2035年）的批复》（2018年12月25日），雄安新区规划建设的战略定位可以从以下几个方面加以概括。

雄安新区的战略意义：设立河北雄安新区，是以习近平同志为核心的党中央深入推进京津冀协同发展作出的一项重大决策部署，是继深圳经济特区和上海浦东新区之后又一具有全国意义的新区，是重大的历史性战略选择，是千年大计、国家大事。

雄安规划建设的基本要求：坚持世界眼光、国际标准、中国特色、高点定位；坚持生态优先、绿色发展，坚持以人民为中心、注重保障和改善民生，坚持保护弘扬中华优秀传统文化、延续历史文脉。

雄安规划建设的历史使命：北京非首都功能疏解集中承载地，与北京城市副中心形成北京新两翼，有效缓解北京"大城市病"，探索人口经济密集地区优化开发新模式。与张北地区共同形成河北发展两翼，补齐区域发展短板，提升区域经济社会发展质量和水平，形成新的区域增长极。

雄安规划建设的目标定位：推动高质量发展的全国样板，建设现代化经济体系的新引擎。

雄安规划建设的功能定位：绿色生态宜居新城区；创新驱动发展引领区；协调发展示范区；开放发展先行区；贯彻落实新发展理念的创新发展示范区。

雄安规划建设的战略举措：构建科学合理空间布局；塑造新时代城市风貌；打造优美自然生态环境；发展高端高新产业；提供优质共享公共服务；构建快捷高效交通网；建设绿色智慧新城；构筑现代化城市安全体系；保障规划有序有效实施。

9.2 中国能源革命的任务

（1）推动能源消费革命。抑制不合理能源消费，坚决控制能源消费总量，有效落实节能优先方针，把节能贯穿于经济社会发展全过程和各领域，坚定调整产业结构，高度重视城镇化节能，树立勤俭节约的消费观，加快形成能源节约型社会。

（2）推动能源供给革命。建立多元供应体系，立足国内多元供应保安全，大力推进煤炭清洁高效利用，着力发展非煤能源，形成煤、油、气、核、新能源、可再生能源多轮驱动的能源供应体系，同步加强能源输配网络和储备设施建设。

（3）推动能源技术革命。带动产业升级，立足我国国情，紧跟国际能源技术革命新趋势，以绿色低碳为方向，分类推动技术创新、产业创新、商业模式创新，并同其他领域高新技术紧密结合，把能源技术及其关联产业培育成带动我国产业升级的新增长点。

（4）推动能源体制革命。打通能源发展快车道，坚定不移推进改革，还原能源商品属性，构建有效竞争的市场结构和市场体系，形成主要由市场决定能源价格的机制，转变政府对能源的监管方式，建立健全能源法治体系。

（5）全方位加强国际合作。实现开放条件下能源安全，在主要立足国内的前提条件下，在能源生产和消费革命所涉及的各个方面加强国际合作，有效利用国际资源。

专栏一

全球重大能源技术战略行动

面临当今世界百年未有的大变局，全球能源版图正在发生重大变化，围绕能源科技和产业变革的国际竞争日趋激烈。世界各国都在致力于解决主体能源的绿色低碳过渡、多能互补耦合利用、终端用能深度电气化、智慧能源网络建设等重大战略问题，加快构建清洁低碳、安全高效的现代能源体系，抢占能源竞争战略制高点，已成为世界各国的共识，见图 9-1。

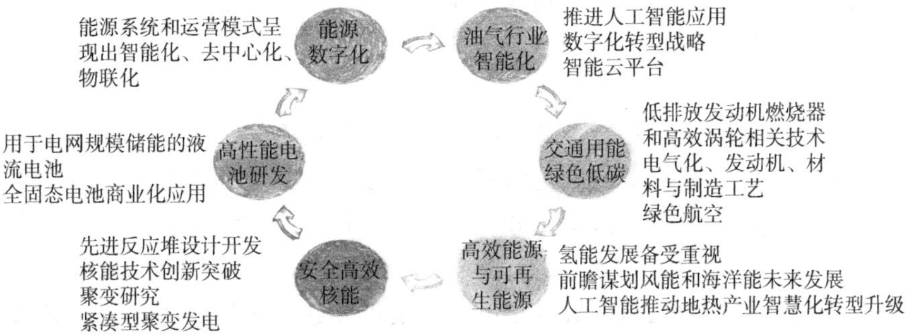

图 9-1　全球重大能源技术战略

中国能源革命有利于促进我国供给侧结构性改革，提升经济发展质量和效益，推动经济行稳致远，支撑我国迈入中等发达国家行列；有利于增强能源安全保障能力，有效应对各种风险和突发事件，提升整体国家安全水平；有利于优化能源结构，提高能源效率，破解资源环境约束，全面推进生态文明建设；有利于增强我国自主创新能力，实现科技、能源、经济紧密结合；有利于全面增强我国在国际能源领域的影响力，积极主动应对全球气候变化，彰显负责任大国形象；有利于增加基本公共服务供给，使能源发展成果更多惠及全体人民，对于全面建成小康社会和加快建设现代化国家具有重要现实意义和深远战略意义。

9.3　雄安新区建设对能源革命的需求分析

雄安新区规划建设的世界眼光、国际标准、中国特色、高点定位理念，千年大计、国家大事的历史重任，推动高质量发展的全国样板，建设现代化经济体系新引擎的目标定位，以及建设绿色智慧新城、生态城市、发展高端高新产业、提供优质公共服务、构建快捷高效交通网、推进体制机制改革、扩大全方位对外开放等 7 项任务，均离不开以能源革命为核心的新一轮科技革命的支撑。

9.3.1　需求分析逻辑框架的构建

解读雄安新区对能源革命的需求首先需要构建需求分析的逻辑框架。逻辑框架建立可分为需求提出、需求描述及需求评审三个阶段。需求提出主要集中于描述系统目的；需求描述是对需求进行鉴别、综合和建模，清除需求的模糊性、歧义性和不一致性，提出具有真正价值的潜在需求；需求评审是对生成的需求进行复核，以确保完整、准确、清晰、具体。

需求分析一般可具体划分为功能性需求、非功能性需求与约束性需求三个方面。功能性需求即必须实现的功能，非功能性需求包括对功能保障的辅助要求，约束性需求一般也称作限制条件。

需求分析方法一般有功能分解方法、结构化分析方法、信息建模方法和面向对象的分析方法。功能分解方法是将系统作为多功能模块的组合，即功能分解为功能、子功能、功能接口。结构化分析方法是一种从问题空间到某种表示的映射方法，是结构化方法中重要且被普遍接受的表示系统，由数据流图和数据词典构成并表示。信息建模方法是从数据角度对现实世界建立模型，通常为功能模型、信息模型、数据模型、控制模型和决策模型。面向对象的分析方法的关键是识别问题域内的对象，分析它们之间的关系，并建立三类模型，即对象模型、动态模型和功能模型。

需求分析常用的工具主要有：①Kano 模型。该模型将需求分为三种，包括基本型需求、期望型需求和兴奋型需求。基本型需求就是必须满足的基础功能，期望型需求就是能够明确提出的希望有的需求，兴奋型需求就是额外的惊喜需求。一般而言，基本型需求的优先级应当排在第一位，期望型需求排在第二位，而兴奋型需求则排在最后。②四象限法则（图 9-2）。把一个二维的横竖坐标分成四个象限，横坐标是重要性，纵坐标是紧急性。第一象限为重要且紧急，第二象限为紧急不重要，第三象限为不重要也不紧急，第四象限为重要不紧急。③5why 分析方法。5why 分析方法又称“5 问法”，主要是沿着因果关系链条，找出原有问题的根本原因。

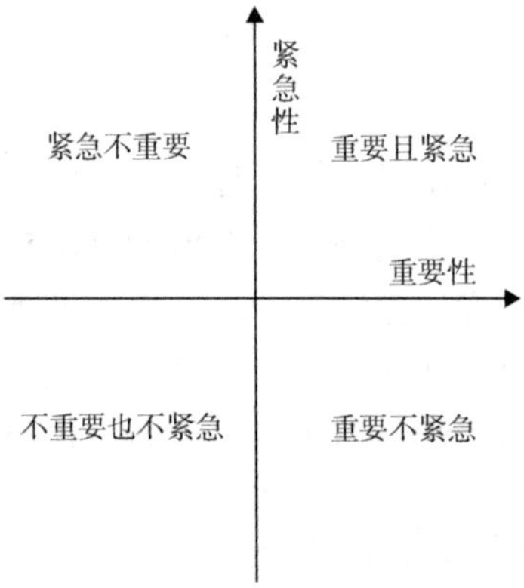

图 9-2　四象限法则示意图

9.3.2 雄安新区建设对能源革命需求的逻辑分析框架

1. 城市功能与城市能源系统

雄安新区建设对能源革命的需求可以从两个方面进行解读：一是回答城市功能的能级提升和各方面约束目标对能源革命提出的要求，即能源革命在雄安新区发展建设中为实现其功能目标能够提供哪些支撑，能源革命如何在确保雄安新区规划所确定的相关战略目标实现的同时，又能满足规划所限定的诸多约束性条件。二是在雄安新区现有的规划体系中，能源规划依然是一个位于被动和从属地位的保障性规划，即以满足需求侧约束为主导的供给侧规划，未能体现出以绿色、低碳、智慧为标志的新一轮能源革命对经济社会发展的创新引领作用，能源规划的任务依然被降维在功能保障层面。这显然与当前全球新一轮能源革命的趋势难以适应。为此，在雄安新区规划建设中需要重新定位能源革命的地位作用，变能源在新区规划建设中的从属被动保障功能为主动引领创新功能，进而为雄安新区建设的空间布局规划、基础设施建设、自然资源利用、生态环境保护等提供协同发展的指南。

从能源革命在推动雄安新区建设的上述两方面任务可以看到，第一项任务是路径选择和手段应用，第二项任务是战略定位和协同创新。为此，必须对能源与城市发展的关系重新梳理。基于能源产业链、供应链、价值链之间关系的分析，可以把能源与现代城市功能的培育形成归纳为下述几个方面。

其一，以能源为核心的城市生命线是维系现代城市经济社会运行的基础和根本保障，城市经济运行、居民生活维持和社会秩序稳定均离不开绿色、安全、可靠、稳定的能源供给系统。

其二，能源生产消费是影响城市生态环境功能维系的根本性制约因素，能源生产消费的规模、结构、方式在很大程度上决定了城市生态环境的质量。

其三，日益庞大复杂多元的城市能源系统对城市能源管理服务提出越来越高的要求，城市能源运营和管理服务的体制模式在很大程度上决定了城市能源效率的提升，进而影响了城市自身功能效率的发挥。

其四，在全球新一轮科技革命背景下，城市能源科技教育水平和创新资源的集聚从根本上决定了城市能级的提升，决定了中心城市核心功能的形成，决定了在城市群分工中的城市定位，甚至决定了在世界城市体系中城市核心竞争力的提升。

2. 功能需求分析

根据上述城市能源系统与现代城市功能之间关系的分析，基于中央对雄安新区战略背景、战略定位、目标任务的要求，按照功能性需求、非功能性需求与约束性需求三个维度的划分，采用功能分解方法和结构化分析方法，应用 Kano 模型和 5why 分析方法，可以构建起雄安新区建设对能源革命需求分析的基本逻辑框架。

雄安新区承载的两大历史使命：北京非首都功能疏解集中承载地，与北京城市副中心形成北京新两翼，有效缓解北京“大城市病”，探索人口经济密集地区优化开发新模式。与张北地区共同形成河北发展两翼，补齐区域发展短板，提升区域经济社会发展质量和水平，形成新的区域增长极。两个关键词：疏解非首都功能，培育区域发展新极点。

雄安新区规划的两大目标定位：推动高质量发展的全国样板，建设现代化经济体系的新引擎。两个关键词：高质量全国样板，现代经济体系新引擎。

雄安新区承担的五大功能：绿色生态宜居新城区；创新驱动发展引领区；协调发展示范区；开放发展先行区；贯彻落实新发展理念的创新发展示范区。

雄安新区建设的九项任务：构建科学合理空间布局；塑造新时代城市风貌；打造优美自然生态环境；发展高端高新产业；提供优质共享公共服务；构建快捷高效交通网；建设绿色智慧新城；构筑现代化城市安全体系；保障规划有序有效施。九个关键词：空间布局、城市风貌、生态环境、高新产业、公共服务、高效交通、智慧新城、城市安全、规划保障。

从上述四个方面的需求出发，按照马斯洛的需求层次理论，可以构建起雄安新区建设对能源革命需求的逻辑关系，如表 9-1、表 9-2、图 9-3 所示。

表 9-1 雄安新区建设对能源革命需求的逻辑关系

功能层级	基本需求	能源革命内容	能源革命路径	能源革命任务
国家战略使命	创新侧集聚	能源创新体系建设	主动引领	能源技术革命、国际合作
区域发展目标	管理侧变革	能源运营模式变革	主动变革	能源体制革命
自然条件约束	需求侧约束	能源利用方式变革	主动适应	能源消费革命
功能基本保障	供给侧保障	实现能源高质量供给	主动保障	能源供给革命

表 9-2 “4 个主动”与能源革命的关联性分析

路径	能源供给革命	能源消费革命	能源技术革命	能源体制革命	国际合作
主动引领	◎	◎	●	○	●
主动变革	◎	◎	○	●	○
主动适应	◎	●	◎	○	○
主动保障	●	◎	◎	○	○

注：○表示弱关联，◎表示中关联，●表示强关联

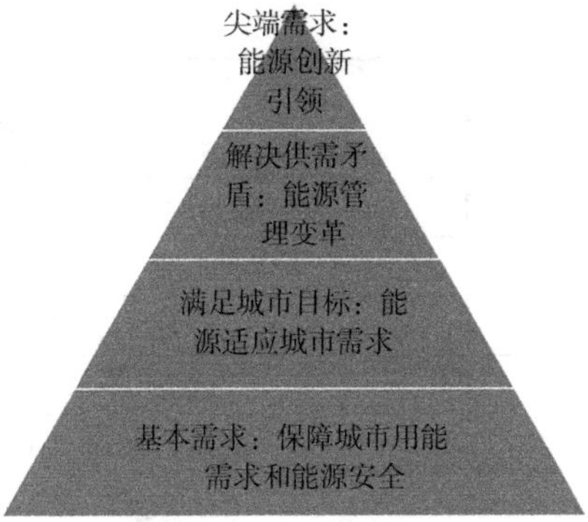

图 9-3　城市功能对能源需求的层次结构示意图

9.3.3　能源革命对雄安新区建设提供的支撑领域

第四次能源革命发端于 21 世纪初，它是以新能源和信息技术融合为标志，开启了以高效、清洁、绿色、低碳、智能、安全为主要特征的能源时代。其目标是消除化石能源消费所引发的环境问题，塑造一个可持续的能源新体系。新一轮能源革命可提供的能源支撑以及相关具体技术情况见表 9-3 和表 9-4。

表 9-3　能源革命的支撑领域

构成要素	内容
能源消费革命	控制能源消费总量
	打造中高级能源消费结构
	推进节能减排
	推动城乡电气化发展
	树立勤俭节约消费观
能源供给革命	推动煤炭清洁高效开发利用
	实现增量需求主要依靠清洁能源
	推进能源供给侧管理
	优化能源生产布局
	全面建设“互联网+”智慧能源
能源技术革命	普及先进高效节能技术
	推广应用清洁低碳能源开发利用技术
	发展智慧能源技术
	加强能源科技基础研究
	能源领域新技术
	建筑节能
	交通节能

续表

构成要素	内容
能源体制革命	构建有效竞争的能源市场体系
	建立主要由市场决定能源价格的机制
	创新能源科学管理模式
	建立健全能源法治体系
国际合作	实现海外油气资源来源多元稳定
	畅通“一带一路”能源大通道
	深化国际产能和装备制造合作
	增强国际能源事务话语权

表 9-4　能源革命的新技术领域

技术领域	技术名称
能源领域新技术	能源区块链
	3D 打印
	人工智能
	电燃料
	能源互联网
	可控核聚变技术
	超导风力发电机风机
	低频率波浪能发电技术
	煤炭气化和燃料电池混合系统
	超薄柔性砷化镓太阳能微电池
	下一代储能方案
	利用太阳能开采石油
	高效燃气轮机
	氢燃料电池
建筑节能	外墙保温技术
	绿色节能技术
	太阳能节能技术
	热泵技术
	建筑围护结构技术
	暖通空调节能技术
交通节能	智慧交通
	交通节能减排智能化分析技术
	绿色低碳公路

9.3.4　雄安新区规划建设对能源革命需求框架

雄安新区规划建设与能源革命的需求关系分析以及雄安新区七大任务对能源革命相关领域的发展启示见表 9-5 和表 9-6。

表 9-5　雄安新区规划建设的能源革命需求

项目	确立的目标	规划建设的能源革命需求
总体要求	北京非首都功能疏解集中承载地	与能源有关的高校、科研机构、企业总部、金融机构、事业单位等的疏解
	推动高质量发展的全国样板	采用现代信息、环保技术，建成绿色低碳、智能高效、环保宜居、具备优质公共服务的新型城市
	努力打造贯彻落实新发展理念的创新发展示范区	建设成为绿色生态宜居新城区、创新驱动发展引领区、协调发展示范区、开放发展先行区。为建设京津冀世界级城市群提供能源支撑
	高水平社会主义现代化城市	建设高水平社会主义现代化城市的能源保障，成为新时代高质量发展的全国城市能源领域的样板
科学构建城市空间布局	实行组团式发展	以资源环境承载能力为刚性约束条件，布局五个尺度适宜、功能混合、职住均衡的紧凑组团
	“一主、五辅、多节点”的城乡空间布局	从能源服务边界和效率的角度提出优化空间布局的解决方案
	统筹生产、生活、生态三大空间	充分利用清洁能源，提供有效、韧性、安全的能源保障体系
实现城市智慧化管理	打造全球领先的数字城市	能源智能运营管理系统；智能化的能源服务系统；智能化的能源大数据系统
	完善保障有力的供电系统、建设安全可靠燃气供应系统、建设清洁环保的供热系统	综合优化配置电气热三类能源，建立适合华北地区的城市三联供系统和储能系统
	适度超前布局智能基础设施	城市基础设施和建筑的能源革命
	建设多级网络衔接的市政综合管廊系统	智能化的能源管网系统
营造优质绿色生态环境	开展环境综合治理	严禁新建高污染、高耗能企业和项目；提升传统产业的清洁生产、节能减排和资源综合利用水平；优化能源消费结构，终端能源消费全部为清洁能源；实现新区散煤“清零”
	提高绿色交通和公共交通出行比例	交通运输革命与立体化的城市绿色出行体系、物流配送体系；绿色智能交通系统
	推广超低能耗建筑	开展节能住宅建设和改造；绿色建筑标准
	优化能源消费结构	能源消费革命

续表

项目	确立的目标	规划建设的能源革命需求
实施创新驱动发展	积极吸纳和集聚创新要素资源	全球能源革命的重要策源地
	高起点布局高端高新产业	在五大产业与能源的交汇点，创新新技术、新业态、新模式；新型能源材料产业发展；打造数字化、网络化、智能化、绿色化的能源产业体系
	布局建设一批国家级创新平台	全球能源科技创新平台建设
	构建国际一流的创新服务体系	能源国际合作的新高地和新平台
建设宜居宜业城市	布局不同层级服务设施	构建城市能源服务网络；能源公共服务的均等化
	构建具有雄安特色、国内领先、世界一流的教育体系	能源革命进课堂、进社区，能源人才培养基地；能源科普基地
	增加雄安新区优质卫生资源总量	全球能源职业病研究防治康复中心；能源智能化管理体育设施
打造改革开放新高地	体制机制改革创新	构建有效竞争的能源市场体系；建立主要由市场决定价格的机制；创新能源科学管理模式；建立健全能源法治体系
	推动高质量发展的指标体系、政策体系、标准体系、统计体系、绩效评价和考核体系	能源领域高质量发展的指标体系、政策体系、标准体系、统计体系、绩效评价和考核体系
塑造新时代城市特色风貌	疏密有度、绿色低碳、返璞归真	能源与水污染、研究利用生态能源、增强碳汇能力和生物多样性保护功能
	强化对建筑体量、高度、立面、色调等要素的规划引导和控制	再生能源建筑样板
保障城市安全运行	构建城市安全和应急防灾体系	区域能源安全屏障；能源安全运行系统；能源安全预警系统；供水、供电、燃气、交通等生命线应急保障系统
	保障新区能源供应安全	落实安全、绿色、高效能源发展战略，突出节约、智能，打造绿色低碳、安全高效、智慧友好、引领未来的现代能源系统，实现电力、燃气、热力等清洁能源稳定安全供应
统筹区域协调发展	构建快速便捷的交通体系	轨道和公路交通网络
	加强同北京、天津、石家庄、保定等城市的融合发展	与周边地区能源体系的融合、共享

表 9-6　雄安新区建设任务与能源革命相关领域支撑方向

雄安新区建设任务	能源革命相关领域支撑方向
建设绿色智慧新城，建成国际一流、绿色、现代、智慧城市	“互联网+”智慧能源、源—网—荷互动化
打造优美生态环境，构建蓝绿交织、清新明亮、水城共融的生态城市	低碳清洁能源发展、电能替代
发展高端高新产业，积极吸纳和集聚创新要素资源，培育新动能	能效技术提升、需求侧负荷管理方法创新
提供优质共享公共服务，建设优质公共设施，创建城市管理新样板	公共电能服务平台建设、便捷用电服务
构建快捷高效交通网，打造绿色交通体系	新能源汽车发展、充电桩规划、通勤高铁

续表

雄安新区建设任务	能源革命相关领域支撑方向
推进体制机制改革，发挥市场在资源配置中的决定性作用和更好发挥政府作用，激发市场活力	分布式电力交易平台
扩大全方位对外开放，打造扩大开放新高地和对外合作新平台	能源领域标准国际化、能源装备即插即用

可见，雄安新区建设对能源革命的需求几乎涵盖了雄安新区发展的各个领域和方方面面，如图 9-4 所示。为此，应当更加重视能源系统发展对区域经济社会和生态环境协调发展的推动作用、对区域能源系统优化的推动作用；应当更加重视多区域、多部门全局优化，加强多区域、多部门间各类基础设施的互联互通和协调控制；应当更加重视需求侧管理、重视终端能源服务；应当更加重视应对气候变化，推动低碳城市、社区、园区的建设，构建绿色低碳、清洁高效、智慧安全的可持续能源体系，用能源革命的实际行动主动推动新区经济社会与生态环境的协调发展；应当更加重视能源的高质量发展，加快建设绿色低碳、智慧高效、安全可靠的现代能源系统；应当为雄安新区建设高质量发展的全国样板提供能源领域可复制、可推广的经验。

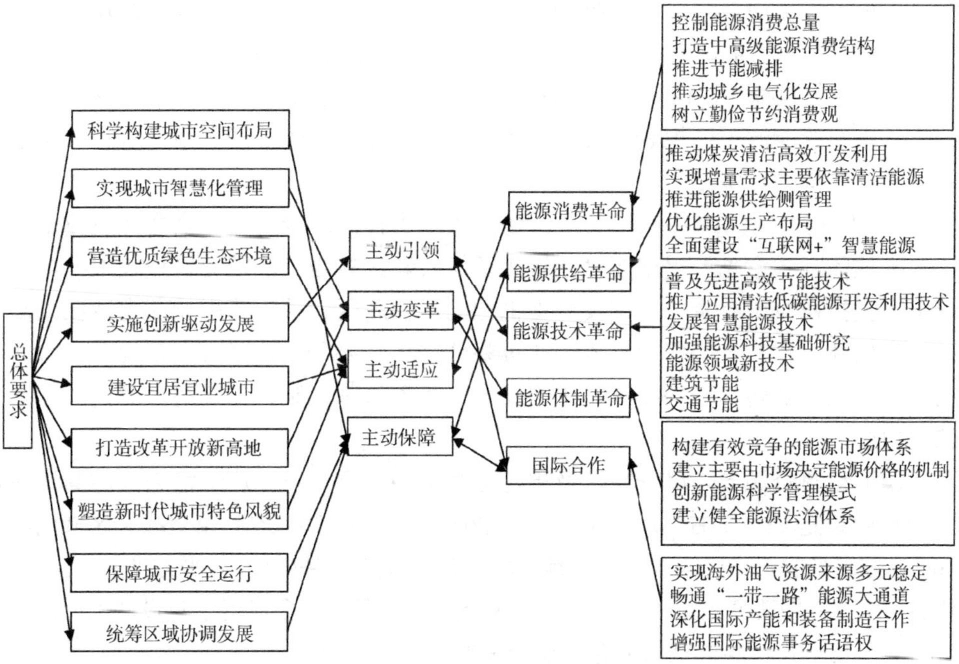

图 9-4　雄安新区建设对能源革命需求的逻辑框架图

将雄安新区建设对能源革命的需求进行匹配，可以得出能源革命通过主动参与推动雄安新区建设的重点领域和实现路径，如图 9-5 所示。

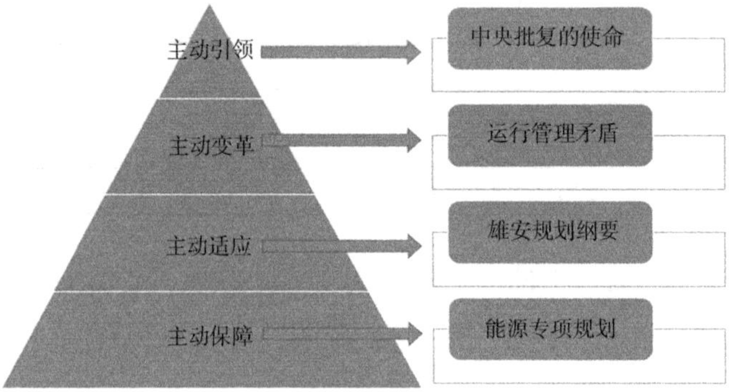

图 9-5 能源革命推动雄安新区建设的实现路径

9.4 能源革命推动雄安新区建设的SWOT分析

9.4.1 优势分析

（1）规划起点高。设立河北雄安新区，是以习近平同志为核心的党中央作出的一项重大历史性战略选择，雄安新区将在《河北雄安新区总体规划（2018—2035年）》的指引下，高起点规划，高标准建设，以雄安质量引领全国高质量发展。

（2）历史包袱少。相对于其他区域，雄安新区没有历史包袱，便于进行全面、综合、系统的能源顶层规划；有利于快速推进新能源资源开发利用；有利于快速实现能源结构的转型。

（3）体制机制优。《中共中央　国务院关于支持河北雄安新区全面深化改革和扩大开放的指导意见》提出要“逐步赋予雄安新区省级经济社会管理权限”，还提出“支持在京国有企业总部及分支机构向雄安新区转移”“引导和支持在京高校、有创新特色的中等职业学校等通过整体搬迁、办分校、联合办学等多种方式向雄安新区疏解转移”等要求。雄安新区在管理体制机制上的优势是其他地区无法比拟的。

（4）地热资源丰。雄安新区及周边地热资源丰富、分布广、潜力大，其地热平均利用率是73%左右，远高于太阳能20%、风能约30%的利用效率，区域面积100平方千米的起步区浅层土壤型地热能可满足建筑面积3000万平方米的供暖（制冷）需求。勘探研究结果表明，雄安新区及周边还存在许多可用于建设储气库的废弃天然气田，可满足天然气储备和调峰需要。

9.4.2 劣势分析

（1）自然环境和生态承载力脆弱。现有生产生活模式下，雄县、容城县、安新县三县资源环境承载力已接近自然上限；未来新区建设将进一步加大区域资源环境压力；要实现新区建设目标，必须科学调控、提升新区资源环境承载能力。

（2）能源供给依然需要输入模式。雄安不是传统能源资源富集地区，能源供应模式始终以外地输入为主，本地供应为辅。本地能源资源主要分为两类：一是天然气，二是地热能。针对本地资源不足的现状，雄安需要延续能源大量输入的既有模式。

（3）城市能源基础保障功能薄弱。目前雄县、容城县、安新县三县的城镇化水平低，高等教育和科研资源不足，高端产业少，基础设施匮乏，很难满足未来雄安新区经济发展的需要。

（4）能源供给实现公平压力较大。雄安新区的能源基础设施建设是“一张白纸”。只有在形成可持续的商业模式后，能源成本才会出现降低，能源公平才能进而实现。由于开发资源分散、利用不够合理，雄安在地热开采方面的投入产出比始终不高。

9.4.3　机会分析

（1）国家发展战略支撑。雄安新区是继深圳经济特区和上海浦东新区之后又一个具有全国意义的新区。国家在发展模式、城市建设、体制机制等各个领域给予了很多改革创新的职能，在产业、社区、生态多元融合方面赋予了很多新的先行先试的创新要求。

（2）全球能源科技进步。当前，能源科技创新进入活跃期，太阳能和风能发电等技术装备、锂电动力电池及储能电池产品等不断取得技术进步，产品种类日益丰富，成本持续降低；大数据、云平台、互联网与新能源开发利用实现深度融合；能源利用新模式、新业态、新产品日益丰富；为雄安新区实现能源革命创造了条件。

（3）京津冀协同发展。雄安新区具有巨大空间打造成京津冀区域协同发展的新增长极，继而能够带动保定周边地区的发展，形成辐射京津冀全域的经济增长带。

（4）人口承载空间较大。京津冀地区有三个人口集聚区，即以京津唐为中心的中北部人口聚集区、以石家庄市区和邯郸市区为中心的两个南部人口集聚区；京津冀地区有两个人口低洼中心，即以张家口及承德两市为中心的北部人口低洼区和以雄安新区为中心的人口低洼区。由于张家口和承德两市是京津冀的生态涵养区，人口规模与规划的区域发展功能相一致，而处于京津冀中部核心功能区的雄安新区，应当成为未来人口集聚中心。

9.4.4　威胁分析

（1）规划建设颠覆传统的城市发展模式。党中央、国务院将“建设绿色智慧新城”和“打造优美生态环境”作为建设雄安新区的优先任务，雄安新区在规划建设上必然要颠覆传统的城市发展模式，以环境友好、经济高效、生活舒适、生态良性循环、资源高效利用为基础，以资源再生、循环利用和无害化处理为手段，以经济社会可持续发展、人与自然协调发展和人类生活质量改善为目标，实现绿色生态与智慧融合创新发展。

（2）新一轮科技革命和产业变革的不确定性。颠覆性创新呈现几何级渗透扩散，以革命性方式对传统产业产生“归零效应”；科技创新日益呈现高度复杂性和不确定性，人工智能、基因编辑等新技术可能给就业、社会伦理和安全等问题带来重大影响和冲击。

（3）现有体制机制与能源革命要求存在矛盾。能源价格、税收、财政、环保等政策衔接协调不够，能源市场体系建设滞后，市场配置资源的作用没有得到充分发挥。价格制度不完善，天然气、电力调峰成本补偿及相应价格机制较为缺乏，科学灵活的价格调节机制尚未完全形成，不能适应能源革命的新要求。

9.5 能源革命推动雄安新区建设的战略组合

根据雄安新区 SWOT 分析，可以勾画出能源革命推动雄安新区建设的战略组合图，见图 9-6。

根据图 9-6 可以看到，能源革命推动雄安新区建设可以形成四种战略组合，四个组合又具有一定的层次性。

	优势： 规划起点高 历史包袱少 体制机制优 地势资源丰	劣势： 自然环境和生态承载力脆弱 能源供给依然需要输入模式 城市能源基础保障功能薄弱 能源供给实现公平压力较大
机会： 国家发展战略支撑 全球能源科技进步 京津冀协同发展 人口承载空间大	SO战略：发挥政策、制度、体制机制改革的优势，瞄准世界能源科技前沿，积极吸纳和集聚能源创新要素资源，主动引领能源科技创新，成为全球能源创新的策源地	WO战略：利用机会，回避弱点，主动适应雄安新区未来功能需求，建设绿色、低碳、高效的能源基础支撑体系
威胁 规划建设颠覆传统的城市发展模式 新一轮科技革命和产业变革的不确定性 现有体制机制与能源革命要求存在矛盾	ST战略：利用优势，降低威胁，实现电力、燃气、热力等清洁能源稳定安全供应，主动保障满足经济社会发展需求的安全、绿色、高效、优质的能源保障体系	WT战略：改善劣势，应对挑战，主动变革能源运营模式，同步规划建设数字城市，适度超前布局智能基础设施，打造具有深度学习能力、全球领先的数字城市

图 9-6　能源革命推动雄安新区建设的战略组合图

（1）SO 战略。通过能源科技革命，主动引领雄安新区建设成为全球能源创新中心。

（2）WT 战略。通过能源体制革命，主动变革雄安新区能源运营模式，打造智能化、数字化的能源运营综合服务体系。

（3）WO 战略。通过能源消费革命，主动适应雄安新区规划建设目标要求，建设绿色、低碳的能源基础设施体系。

（4）ST 战略。通过能源供给革命，主动保障雄安新区安全、高效能源供给体系的运行。

第 10 章　能源革命推动雄安新区建设的路径

10.1　通过能源科技革命，主动引领雄安新区建设全球能源科技创新中心

10.1.1　战略定位

紧紧抓住全球新一轮科技革命和产业变革带来的重大机遇，着眼于能源科学未来发展趋势，主动对接北京非首都功能疏解，集中承载北京高等院校、科研机构等各类能源科技创新资源在雄安的转移落地。围绕培育现代化能源经济体系新引擎，实现雄安建设绿色生态宜居新城区、创新驱动发展引领区两大功能，围绕全球能源科学重大创新领域，加快建设面向全球的能源大科学研究平台，集聚全球能源科技创新要素，建设以能源科技创新为主体的区域创新体系，建设以能源科技创新为核心的世界一流大科学研究集群，打造全球能源科技的原始创新策源地，推出具有世界影响的原创性科研成果，把雄安新区打造成具有国际领先水平的能源科技创新中心，主动引领全球能源科技革命。

坚持政府引导、企业主体、人才为本、开放合作的原则，积极对接首都高校、科研机构和企业总部的各类能源创新平台，加快布局一批国家级的能源国际合作联合实验室、国家重点实验室、国家工程技术中心等创新平台。优化创新生态系统，突破体制机制障碍，搭建能源技术产业化公共服务平台。围绕知识产权、人才、政策、金融等创新要素，营造开放共享的研究实验和技术开发环境，促进能源科技关键与共性技术研发转化，持续推出能源前沿科技的新业态、新模式，成为全球未来能源战略性新兴产业的孵化基地。

10.1.2　建设重点

1. 建设雄安国家能源大科学中心

根据国家战略需要和布局，依托首都“国字号”能源研究机构，加快雄安能

源重大科技基础设施建设，积极争取能源互联网、超强超短激光、国家聚变能源装置等大科学装置设施落户。

依托中国科学院、能源央企、高校等能源研究机构，建设前沿物理、传统化石能源清洁高效利用、新能源大规模开发利用、核能安全利用、能源互联网和大规模储能以及先进能源装备及关键材料等重点领域的国际前沿科学中心，形成有国际影响力的能源科研院所集群。

聚焦生物、材料、环境、能源、人工智能等基础科学领域，发起多学科交叉前沿研究计划，推动能源与其他学科交叉前沿领域重大原创性突破。建立和完善重大科技基础设施建设协调推进机制和运行保障机制，如图 10-1 所示。建立符合科学规律、自由开放的科学研究制度环境。

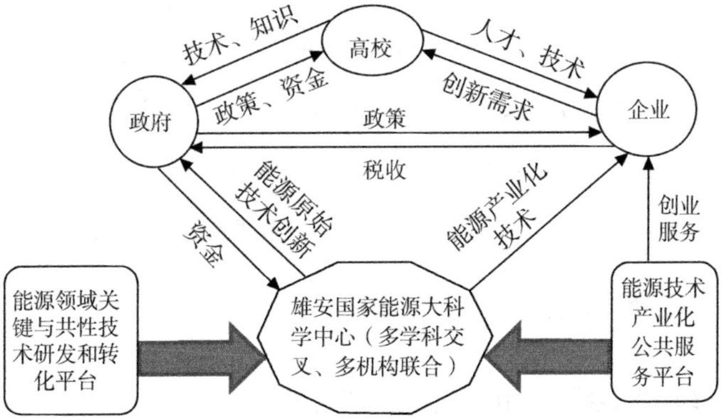

图 10-1　雄安全球能源科技创新中心运行机制

2. 建设能源领域关键与共性技术研发和转化平台

聚焦国家战略和经济社会发展重大需求，以绿色低碳为方向，围绕可能产生重大影响的革命性能源技术创新和对建设现代能源体系具有重要支撑作用的科技前沿，在可再生能源、氢能、核聚变、智慧能源等领域先行布局一批开放式创新平台，通过政府支持、市场化运作，攻克和开发关键共性技术，支撑战略性新兴产业实现跨越式发展。

建设雄安新区国际技术转移中心、国际技术进出口促进中心、知识产权保护中心等专业化、市场化技术转移机构，构筑全球互动的技术转移网络，推进高校和研究机构能源技术成果快速转移转化。

积极参与国际标准研究和制定，加快未来能源技术标准体系建设，抢占国际产业竞争高地，探索能源技术标准持续开发升级的市场化运作模式。

3. 建设能源科技创新创业生态系统

以制度创新、开放创新和合作创新推动科技创新，搭建能源技术产业化公共服务平台，完善创新服务体系，从建设开放便捷的众创空间入手，按照“众创空间—孵化器—加速器”的孵化链条，打造一批创新要素集聚、产业特色鲜明、服务功能突出、具有较强辐射带动作用的孵化载体，其基本要素与机制如图 10-2 所示。立足能源前沿科技进行产业育成，并将孵化成果向周边相关产业园区转移，从而促进雄安与京津冀地区的协同发展。

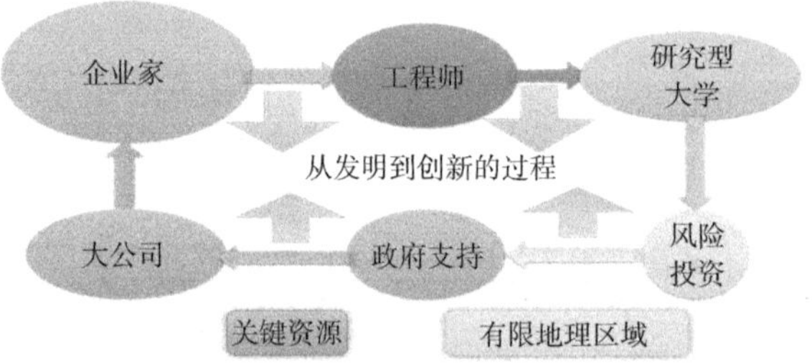

图 10-2　创新生态系统的基本要素与机制

10.1.3　战略举措

1. 注重全球国际合作，引进高端创新资源

坚持“引进来”与“走出去”并重、国内与国外并举，集聚全球高端能源科技创新资源。着眼于未来能源前沿技术，吸引国际高端能源创新机构、跨国能源公司研发中心、国际能源组织落户雄安。鼓励以企业为主体，联合国内外科学研究机构建立国际化的能源技术创新网络和技术转移网络。鼓励联合参与国际能源标准研究和制定，瞄准全球价值链的高端环节，加快能源领域海外知识产权布局。

2. 注重多渠道投入，保障资金持续投入

加大财政科技投入力度，明确财政资金投入重点。强化对能源科学基础研究、重大基础设施、关键共性技术研发平台的金融和财税支持，保障基础设施、研发平台的土地供应和要素供给。建立能源科技重大基础研究创新的中央财政投入渠道，实施能源领域战略性、前瞻性、基础性、公益性的国家重大科研攻关专项计划。深化科技与金融结合，发挥多方积极性，健全政府引导、企业为主、社会参与的多元化科技投入体系，形成国家与地方、企业联合共建机制。探索中央支持与地方支持相结合、财政资金投入与企业和社会资金投入相结合的多种支持方式及渠道。

专栏二

筑波建设日本国家级研发科学卫星城

筑波科学城的建设是由日本政府主导，为解决东京“大城市病”和推进日本科学技术发展，促进研发集聚化、规模化而建设的基础研究与产业界合作基地。筑波科学城的建设和组织完全依靠政府指令推进。筑波科学城建设是在首相办公室下的“科学城推进本部”统一领导下、各部门分工协作进行管理的。土地开发和公用设施建设项目由住宅和城市开发集团负责；科研和教育机构的建设由建设部门负责；建造和管理道路、公园和商业服务设施则由筑波新城开发公司负责。筑波科学城的各类研究机构和教育设施以及其他产业与公司，均受在东京的相应主管部门的垂直指挥。政府除了直接投资之外还提供低息贷款支持，推动科研以及教育机构搬迁。此外，政府专门为筑波科学城建设提供健全的立法保障，并提供税收、外资引进等优惠政策支持。

3. 注重制度创新，优化创新创业发展环境

以互联网思维推进制度创新，坚持市场导向，充分发挥市场配置资源的决定性作用，深化“放管服”改革，完善政府服务模式，减少政府对企业科技创新活动的行政干预。

改革政府扶持创新活动的机制，完善相关管理办法，加强对能源技术创新产品研制企业和用户方的双向支持。改革科研项目经费管理机制，简化科研项目预算编制。同时建立与之相配套的创新评价考核机制。

建立更加便捷、更有针对性、更具吸引力的海内外人才引进制度。坚持世界眼光、国际标准、中国特色、高点定位，集聚优秀人才，吸纳国际人才，创新人才共享的制度试验。推进社会保障制度改革，完善社会保险关系转移接续办法，促进科技人才自由流动。

4. 注重产业创新，突破科技成果转化瓶颈

实施高技术产业化示范工程，启动建设雄安新区中关村科技园、军民融合产业园等园区建设，并加强园区与京津冀区域其他相关产业园区的联系，推进区域能源应用性技术创新孵化成果的落地转化。

10.2 通过能源体制革命，打造智能化、数字化的能源运营综合服务平台

对接雄安新区建设高质量发展的全国样板目标定位，承载贯彻落实新发展理念创新发展示范区的历史使命，适应优化空间布局、提供优质共享公共服务的任务要求，把创新城市能源管理体制、推动能源运营模式变革、提供能源优质共享公共服务作为雄安新区建设的重要抓手。

1. 构建分散型、多中心、网络化的能源供给模式

雄安新区“一主、五辅、多节点”的城乡空间布局对安全高效能源供给提出了更高的要求。为此，首先，必须建设现代化能源系统，推动可再生能源走向主流，分布式供能系统实现多点布局，微电网成为大电网中最活跃的细胞，各种能源子系统内实现数字化、信息化和智能化。其次，必须将传统的以大规模、集中式化石能源加工转换供给模式为主向以分布式多元清洁绿色能源供给为主转变。充分发挥雄安地热能等清洁能源资源优势，建立以区外清洁电力输入、区内分布式可再生能源发电、分布式地热、城市余热资源等为支撑的多元清洁绿色能源供给体系。再次，必须将传统的能源生产与负荷空间错位配置向能源与负荷空间就地平衡方式转变，实现电能远距离大规模输送和分布式能源与负荷就地平衡相结合，使能源与负荷就地平衡成为雄安新区能源配置的主导方式。最后，必须将传统的“点—线”式供能模式向现代化的分散型、多中心网络化供给模式转变。通过构建点、站、源多层级网络化能源系统架构，利用信息网络进行高效集成、协同优化调配，构建协同高效的“1+N”雄安能源供应网络。

2. 打造“源—网—荷—储”集成互补的智慧能源互联网综合运行模式

充分借力新一轮科技革命最新成果，借助互联网信息化技术手段，促进能源与现代信息技术的深度融合，统筹配置供电网、供热网、燃气网、交通网等城市基础设施，实施各类用能网络的有效衔接及管理维护的智能协调，打造“源—网—荷—储”集成互补的智慧能源综合运行模式，实现能源系统的横向多能互补，纵向“源—网—荷—储”协调优化，如图 10-3 所示。

在功能上，该模式能够实现多种能源协同、“源—网—荷—储”协同、集中式与分布式协同，能源流（电、气、热、水）、交通流、信息流、资金流多流合一。可按照终端用户的需求将区域多种类的可再生能源和化石能源高效转换为不同种

类和品位的适用能量，形成清洁能源循环生产、多种能源有序配置，以多能源（多种类型的能源和/或多个地理位置的能源）系统集成优化功能、能源供需动态平衡控制功能和多用户群信息联网集成管理功能为目标，实现分布式能源的管理和决策、多用户群、多能源、多维度网状互动式动态管理。

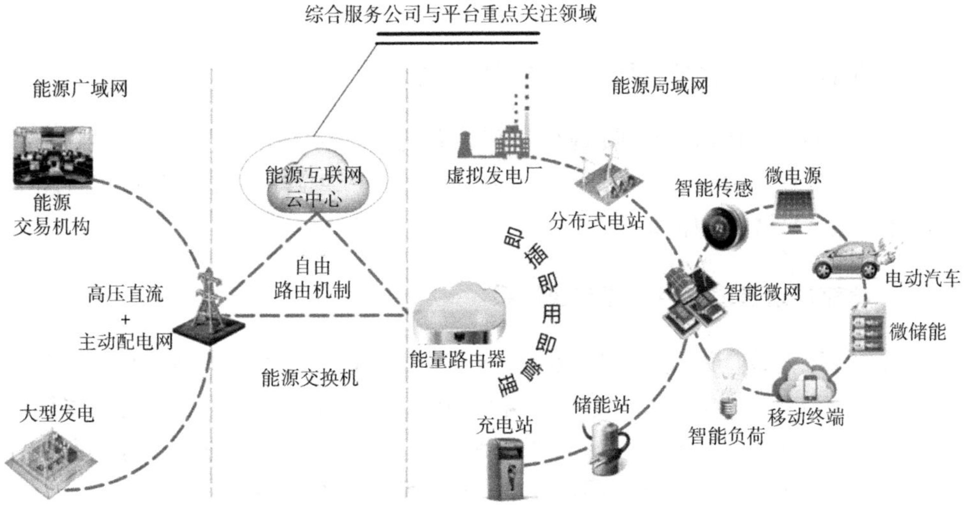

图 10-3　智慧能源互联网运行示意图

3. 构建基于能源大数据的智慧能源综合服务体系

借助移动互联的信息化技术实现对能源生产与消费、能源供给与需求等过程环节的深度融合和智能控制。一方面，可以通过对各种能源供应商的能源集成，为用户多样化需求提供最优能源系统解决方案；另一方面，根据客户反馈的用能信息，对能源系统进行集成管理、统筹调度和优化，为终端用户提供参与能源市场和供需平衡的交易平台，使得能源终端用户能够根据能源市场信号响应上游变化和限制，自主决策能源消费（包括节能）、生产、储存和交易，更好匹配不同能源生产和消费的时空分布差异，实现能源供需的动态平衡。

10.3　通过能源消费革命打造绿色低碳的能源可持续发展全球样板

对接雄安新区建设高质量发展的全国样板目标定位，承载建设绿色生态宜居新城区、协调发展示范区的功能职责，保障塑造新时代城市风貌、打造优美自然生态环境、提供优质共享公共服务、构建快捷高效交通网、建设绿色智慧新城、构筑现代化城市安全体系等重点任务完成，主动适应雄安新区生态环境约束的自然地理特征，打造绿色低碳的能源可持续发展全球样板，建设生态宜居新城区。

10.3.1 构建绿色低碳示范城市

1. 推动产业结构与能源消费结构互驱共进

大力发展新一代信息技术产业、现代生命科学和生物技术产业、新材料产业、高端现代服务业和绿色生态农业，实施绿色标准、绿色管理、绿色生产和智能生产，建立绿色低碳能源消费机制。

2. 超前规划建设绿色智能交通体系

以数据流程整合为核心，适应不同应用场景，以物联感应、移动互联、人工智能等技术为支撑，构建实时感知、瞬时响应、智能决策的新型智能交通体系框架。通过交通网、信息网、能源网“三网合一”，示范智能驾驶汽车等新型载运工具，实现车车、车路智能协同，提供一体化智能交通服务。

3. 高标准建设低碳能源基础设施

建设社区、城镇（街道）能源管控中心。因地制宜推广地源热泵、分布式光伏发电和光热等能源利用新设备、新技术，建立新区能耗数据智能化采集，鼓励和推广家庭能源管理系统或软件，推进家庭能源信息系统建设。

4. 推广绿色低碳建筑

推进新区以高标准建设绿色建筑，高标准选用可再生、可循环的绿色建筑材料，开发选用当地特色的自然建材、清洁生产和更高环保认证水准的建材、旧物利用和废弃物再生的建材，推广耐用寿命长、节能、环保、可循环建筑材料的应用；积极稳妥推广装配式、可循环利用的建筑方式。大力采用节能环保、低能耗建筑材料、综合管理技术，推进新区近零排放区建设。

5. 倡导简约适度、绿色低碳的生活方式

建立绿色低碳生活方式。从衣、食、住、行、用等方面，引导居民日常生活从传统的高碳模式向低碳模式转变，养成健康、绿色低碳的生活方式和生活习惯。倡导绿色低碳出行。提升步行至各类生活服务设施的便利程度。鼓励居民采用步行、自行车、拼车、搭车、公共交通等低碳出行方式。

10.3.2　建设绿色低碳社会

1. 全面实施清洁能源替代工程

实施绿色供电替代工程，依托现有冀中南特高压电网，完善区域电网系统，充分消纳冀北、内蒙古等北部地区风电、光电，建立跨区域、远距离、大容量的电力输送体系，形成以接受区外清洁电力为主、区内分布式可再生能源发电为辅的供电方式。依托国家气源主干通道和气源点，构建多气源、多层级、广覆盖的城乡燃气供应体系。科学合理利用新区地热资源，综合利用城市余热资源，合理利用新区周边热源，中长期则应考虑布局氢能产业，实施氢能替代工程。

专栏三

低碳城市建设关键议题

鼓励更清洁和更绿色的电力供应

- 最大限度地利用可再生能源和技术方案
- 评估所有发电和购电的选择
- 实施终端用户计划，使用户自愿支付绿色电力的边际成本

工业能效

- 促进适合于市场机制的方法所发挥的作用
- 支持能够为能效提供信用的金融市场
- 扶持能源服务行业

建筑物能效和区域供热

- 新开工建设的建筑物节能规范
- 改造公共建筑
- 加快实施材料的节能标签，鼓励适宜技术
- 转换到消费型计费

城市交通是增长最快的碳排放来源

- 步行和骑自行车
- 保持和提升步行和骑自行车所发挥的作用
- 改善步行/骑自行车的体验
- 公共交通

- 改进基本的公交服务的质量
- 将土地利用和交通规划相结合

整合的固体垃圾管理

- 将城市发展模式同尽可能地减少抽水费用结合起来
- 重新评估未净化水摄取战略
- 重新评估先进水治理方法
- 提高需求管理能力，包括合理定价能力

水供应

- 整合防洪和污水净化措施
- 分散集权的方法
- 特别是在小城镇实行低能耗厌氧处理方法

污水治理

- 促进实现污水最小化、污水分离、堆制肥料和循环再利用
- 减少焚烧需求
- 确保垃圾填埋池设计、管理专业化

2. 建设近零排放示范区

综合利用建筑、交通、能源、工业等领域各种低碳技术、方法和手段，实施碳中和、增加森林碳汇、碳交易等机制，建立碳排放监测管理体系，最大限度减少温室气体排放，实现区域碳排放趋近于零，建设具有全国示范效应的近零碳排放示范区。

3. 发展循环经济

建立循环的、可再生的城市发展模式，开展100%再生能源计划和消除建立绿色循环城市的壁垒等问题。

10.4　通过能源供给革命，主动保障雄安新区城市能源生命线系统的持续稳定安全运行

对接雄安新区城市智慧化管理、构建城市安全和应急防灾体系、提高能源安全保障水平的任务要求，通过能源供给侧革命，打造绿色低碳、安全高效、智慧

友好、引领未来的现代城市能源供给体系，主动保障城市能源生命线系统的持续稳定安全运行。

按照《河北雄安新区规划纲要》要求应建设雄安韧性城市能源生命线，如表 10-1 所示。

表 10-1　雄安韧性城市能源生命线

《中共中央 国务院关于对〈河北雄安新区规划纲要〉的批复》	《河北雄安新区规划纲要》的要求	城市能源生命线	要求
科学构建城市空间布局	实行组团式发展，统筹生产、生活、生态三大空间	以资源环境承载能力为刚性约束条件，设计城市能源大系统，提供有效、韧性、安全的能源保障体系	综合性
实现城市智慧化管理	打造全球领先的数字城市	能源智能运营管理系统；智能化的能源服务系统；智能化的能源大数据系统；建设多级网络衔接的市政综合管廊系统，智能化的能源管网系统	智能性
	完善保障有力的供电系统、建设安全可靠的燃气供应系统、建设清洁环保的供热系统	综合优化配置电气热三类能源，建立适合华北地区的城市三联供系统和储能系统	分布性
	适度超前布局智能基础设施	城市基础设施和建筑的能源革命	循环性
保障城市安全运行	构建城市安全和应急防灾体系，保障新区能源供应安全	区域能源安全屏障；能源安全运行系统；能源安全预警系统；供水、供电、燃气、交通等生命线应急保障系统，实现电力、燃气、热力等清洁能源稳定安全供应	安全性

10.4.1　建设未来城市能源系统运行的示范样板

1. 构建雄安新区综合能源供给体系

打通多种能源子系统间的技术壁垒、体制壁垒和市场壁垒，促进多种能源互补互济和多系统协调优化。利用先进的技术和管理模式，整合雄安新区内天然气、地热、电力等多种能源资源，实现多种能源子系统在能源生产、运输、转化和综合利用等环节的相互协调，满足多元需求、提高用能效率、降低能量损耗和减少污染排放等目的。

集成供电、供气、供暖、供冷、供氢和交通等城市能源系统的相关信息基础设施，建立多种能源的源—网—荷深度融合、紧密互动，形成综合性的能源保障系统。通过多能流混合建模，对多能系统规划、能源转化技术、智能调控、协同控制、综合评估、系统信息安全与通信以及能源交易和商业服务运行模式等关键问题，提供多能系统分析的雄安能源保障路径，如图 10-4 所示。

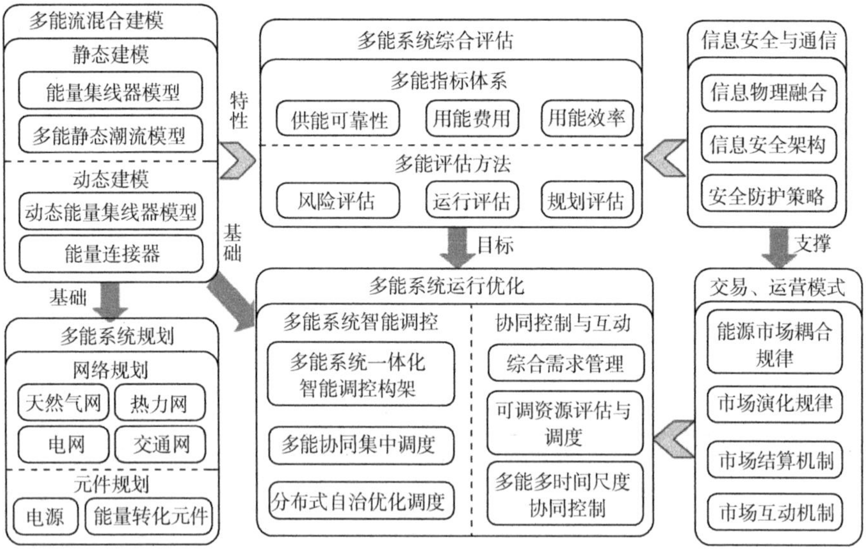

图 10-4　雄安综合性能源保障系统关系图

2. 建设复杂多网流的能源供给管理系统

打造以电力系统为核心，以互联网及其他前沿信息技术为基础，以分布式可再生能源为主要一次能源，与天然气网络、交通网络等其他系统紧密耦合而形成的复杂多网流系统。

多能互补要集中于源—网—荷，同时考虑储能的配置方法，研究不确定性分析、多时间常数系统建模、多能系统可靠性分析以及能源市场的影响等。多能流智能调控方面，要实现协同优化调度，通过多个系统的协同合作，促进新区新能源的大规模消纳。在多能协调互动与控制方面，应着眼于多能系统间的横向协同控制，根据多能流动态特性和相互作用，提出最佳时间尺度配合的智能调控方法。在多能流综合评估方面，要加强对耦合系统连锁故障、需求响应和市场交易不确定性等风险的研究。在多能流信息安全方面，通过多能信息互补的安全评估，控制互联网带来的信息安全风险。在多能流市场交易方面，可以发挥先行先试优势，推动能源交易服务的体制改革，整合能源交易市场，增强多能互补的经济驱动力，推动综合能源系统可持续发展。如图 10-5 所示。

3. 加快推进能源互联网建设

通过分布式能量储存装置构成的电力、热力、燃气等能源网络互联，实现能量和信息双向流动的能量对等交换与共享的智能网络，充分利用多能互补特性，通过能源梯级利用增加终端能源利用效率，通过以大数据以及广域信息平台为基础的需求侧响应，提高能源生产与传输设施的利用效率。

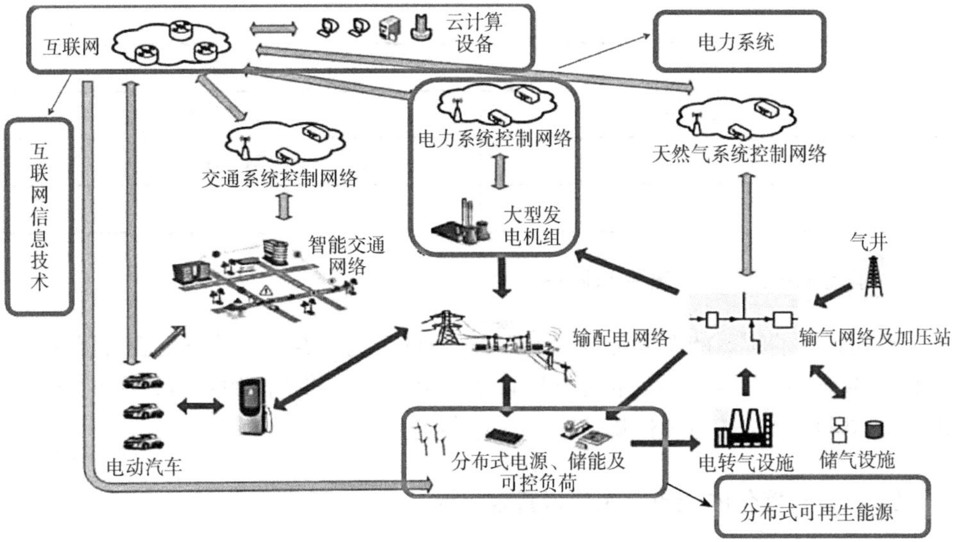

图 10-5　雄安新区能源互联网的复杂多网流系统

10.4.2　建设未来城市智慧能源示范样板

以智能电网和能源物联网为核心，有机融合能源系统、信息系统、社会系统，以能源互联互通和信息全面感知为方向，联合雄安新区天然气、热力、电气化交通等系统，形成智能灵活、万物互联、多能互补、开放融合、绿色高效的现代智慧能源系统。

智慧能源系统建设要以解决未来雄安可能存在的一系列问题为根本出发点，如应对能源短缺、环境污染、交通拥堵、应急迟缓等一系列“大城市病”。智慧能源系统应强化分布式清洁能源开发利用、能量分布式存储、智能交通、联防监控等功能，如表 10-2 所示。

表 10-2　雄安智慧能源系统关键要素选取

城市病	雄安智慧能源系统功能
能源短缺	分布式清洁能源规模开发利用功能
土地紧张	能量分布式储存功能
水资源不足	能源自由交易功能
大气污染	能源按需重整功能
黑臭水体	能源传输设施一体化
固体垃圾污染	生态保护联防功能
交通拥堵	系统节能降耗功能
人口膨胀	产业结构调整功能
就业紧张	创新驱动功能
基础设施落后	智能交通
城市配套不完善	智能家居

续表

城市病	雄安智慧能源系统功能
产业发展不均衡	安全用能
应急迟缓	提升能效
……	……

1. 构建雄安新区智慧能源体系

雄安新区的智慧能源要形成“低碳技术+IT”的耦合，形成贯穿在能源生产、配送、供给、使用各个环节的综合性解决方案，以提高能源的利用效率和能效，减少浪费，减轻对环境的污染。

2. 建设智能化的城市能源运行管理平台

将 IT 云计算、物联网等新技术应用到管理平台，建设能源信息管理系统——能源管控平台。平台一方面要保证城市能源系统自身的安全、高效、稳定运行和开放的能源交易，另一方面也需要与城市其他子系统进行协调互动，形成城市功能的有机体。

雄安新区应依托已有电网设施，建立与其他子系统间的紧密联系，实现能源调度、数据共享、能源交易、应用接口、集中展示等功能。完成数据采集源—网—荷—储全覆盖和安全可靠传输，基于海量数据资源池实现数据共享、集中展示功能，通过人工智能和大数据分析，实现能源优化调度，如图 10-6 所示。

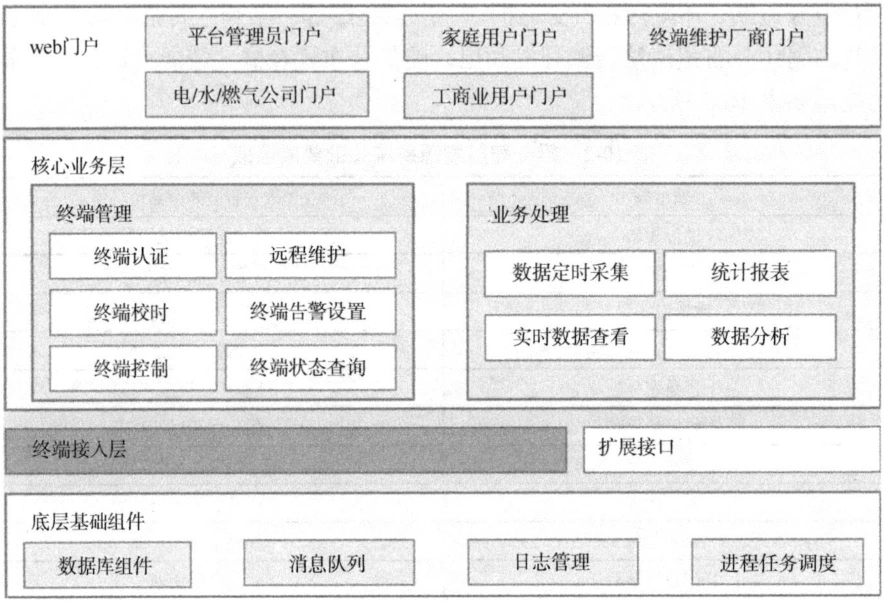

图 10-6　雄安新区智慧能源中心管控平台构架

专栏四

智慧能源管理服务平台

智慧能源公共安全管理平台：集地理信息系统、监控业务、报警信息等功能为一体的能源综合指挥系统。

智慧能源基础设施管理平台：能源智能综合运行管理系统，可以满足监控、预案和指挥三个方面既有重叠又存在差异的功能要求。

智慧能源智能交通管理平台：集成了地理信息、GPS（global positioning system，全球定位系统）数据位置、数据统计、建筑物数据、摄像头画面等多种数据源，可以协调各条轨道交通线路的控制及运营，具有综合监视、运营协调、应急指挥、信息共享等职能。

建筑能源智能监管系统：采用云平台、物联网、嵌入式、无线通信、数据库等先进技术，集成数据融合、数据挖掘等方法，对建筑物中围护结构、室内外环境、空调、给排水、供配电、电梯和照明等系统实施综合用能监测与管理。

10.4.3　建设智能化的城市能源安全运行系统

1. 建设以能源安全为核心的基础设施

在提高系统抵御灾害能力的同时，增强适应性、应急性，提升城市能源整体韧性水平，打造绿色低碳、安全高效、智慧友好、供需平衡的能源系统。能源系统调控子平台的主要功能是实现多能统一调度。通过建立网络波动性和随机性的平抑策略和风险控制策略，充分考虑集群性负荷响应特性和多能之间的转换替代，发挥储能在平衡能源时空差异方面的作用进行多能统一调控。同时，为了保证整个城市能源系统的安全统一调度，能源系统调控子平台的调度优先级高于能源配网各能源品种自身的调度。

2. 打造市政设施公共服务交互子平台

围绕智慧能源系统基础设施及固有特性对城市其他市政公共服务子系统的支撑作用，打造市政设施公共服务交互子平台。利用遍布整个城市的能源基础设施，支撑其他子系统的高效运行。利用能源负荷特性与用户行为之间的关联关系支撑其他子系统的运行，如负荷特性异常突变对城市防灾系统、应急系统定位的协助等。城市区域用能优先保障，当城市各子系统出现故障时，通过对能源系统调度，实现故障区域用能优先保障等。具体如图 10-7 所示。

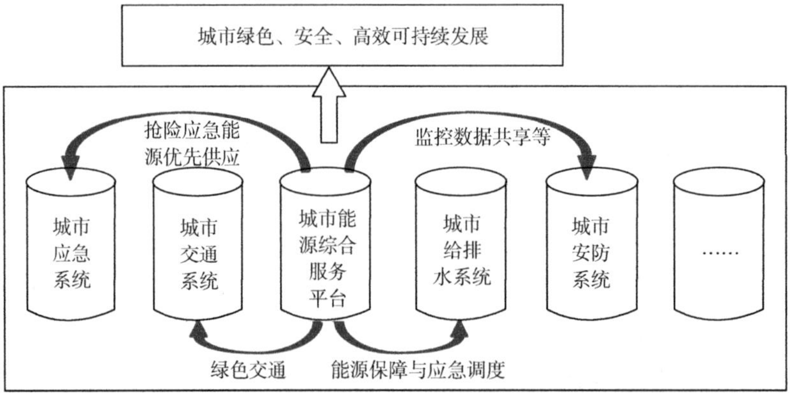

图 10-7 市政设施公共服务交互子平台示意

专栏五

构建安全韧性的雄安能源保障体系

外部清洁能源供应。坚持绿色供电，形成以接受区外清洁电力为主、区内分布式可再生能源发电为辅的供电方式。依托冀中南特高压电网，完善区域电网系统，充分消纳冀北、内蒙古等北部地区风电、光电，形成跨区域、远距离、大容量的电力输送体系，保障新区电力供应安全稳定、多能互补和清洁能源全额消纳。与华北电网一体化规划建设区内输配电网，配套相应的储能、应急设施，实现清洁电力多重保障。

构建多气源、多层级、广覆盖的城乡燃气供应体系。依托国家气源主干通道和气源点，建设新区接入系统，合理布局区内燃气管网，保障新区用气供应；长远谋划利用更为清洁的替代燃料。

创新利用。坚持把节能作为“第一能源”，发展绿色建筑，推行绿色出行，加快开展梯级利用、循环利用和多能互补，打造集能源开发、输送、转换、服务及终端消费于一体的多能互补区域能源系统，把新区打造成为高效节能示范区。

探索交直流混合配电网和直流微网的应用，合理配置集中和分布式储能系统，实现储用灵活双向运行，有效消纳清洁电能；全面普及新能源汽车，实现能源的错峰高效利用。

安全能源供应系统。增强区域电力供应，新区供电可靠率达到 99.999%，110 千伏及以上电网安全稳定标准满足“*N*-2”要求，起步区适度提高供电可靠标准。建设安全可靠燃气供应系统。新区以长输管道天然气为主要气源，液化天然气为调峰应急气源，新建若干门站、液化天然气储配站，形成多源多向、互联互通的燃气输配工程系统。建设清洁环保的供热系统。科学利用区内地热资源，综合利用城市余热资源，统筹天然气、电力、地热、生物质等能源供给方式，形成多能互补的清洁供热系统，建设高效供热管网，确保供热安全。

建设先进专业的垃圾处理系统。按照减量化、资源化、无害化的要求，全面实施垃圾源头分类减量、分类运输、分类中转、分类处置，建设兼具垃圾分类与再生资源回收功能的交投点、中转站、终端处理设施、生态环境园，最终实现原生垃圾零填埋，生活垃圾无害化处理率达到 100%，城市生活垃圾回收资源利用率达到 45%以上。

第11章　能源革命推动雄安新区建设的重点工程

11.1　能源综合运行系统

11.1.1　“源—网—荷—储—售—云”集成互补系统

“源—网—荷—储—售—云”集成互补系统主要包括“源—网—荷—储—售—云”各业务板块，其运行模式如图11-1所示。具体而言，“源”包括石油、电力、天然气等多种能源资源，也包括清洁能源，如太阳能、风能、地热、生物

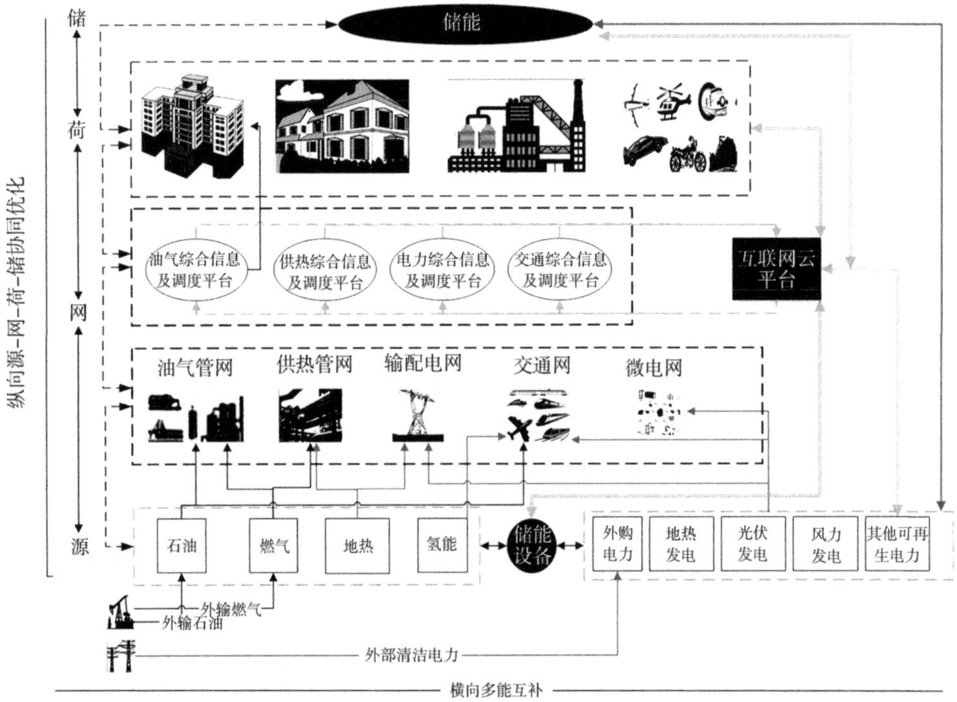

图11-1　能源智慧互联网能源运行模式示意图

质能源；“网”主要指微电网、供热网、天然气网；“荷”主要指通过提升储能和分布式能源的服务质量，不断优化用户用能体验，满足用户个性化能源需求；“储”指的是储能系统，包括储热系统、蓄冷系统、储电系统以及其他形式储能系统和设施；“售”主要指提供用户个性化能源服务方案和综合能源交易；“云”主要指借助互联网、大数据等先进技术开发的综合管理控制平台或云平台，建设源网荷储协调控制系统。该工程需重点突破以下几个环节。

1. 横向多源互补

横向多源互补是指电力系统、石油系统、供热系统、天然气供应系统等多种能源资源之间的互补协调，突出强调各类能源之间的可替代性，用户不仅可以在其中任意选择不同能源，也可自由选择能源资源的取用方式。

2. 源—网协调

源—网协调要求提高电网对多样化电源的接纳能力，利用先进调控技术将分散式和集中式的能源供应进行优化组合，突出不同组合之间的互补协调性，发挥微网、智能配电网技术的缓冲作用，降低接纳新能源电力给电网安全稳定运行带来的不利影响。

3. 网—荷—储互动

网—荷—储互动要求把需求侧资源的定义进一步扩大化，将储能、分布式能源视为广义的需求侧资源，从而将需求侧资源作为与供应侧相对等的资源参与到系统调控运行中，引导需求侧主动追寻可再生能源出力波动，配合储能资源的有序（智能）充放电，从而增强系统接纳新能源的能力，实现减弃增效。

4. 售—云互动

售—云互动指借助互联网、大数据等先进技术，根据用户多样化需求和客户反馈回的用能信息，为客户提供最优能源系统解决方案；同时，借助云平台实现能源消费者向集生产、消费、交易于一体的综合角色转变。

11.1.2 若干关键支撑技术

1. 广域能源优化配置规划技术

广域能源优化配置规划技术要求能够统筹兼顾、因地制宜地协调一定能源区域内的各种能源资源，如太阳能、风能、水资源、燃气资源等，在规划阶段，分析资源开发利用的具体模式，结合区域内交通网、燃气供应网络、供热网络的整体情况，确定光伏发电、燃气发电、地热发电的容量及选址，设计相应的能源规划方案及系统运行方案，通过模型测算保证规划的合理性、可靠性，实现电力系统、交通网系统、油气网系统的统筹协调。

2. 多能流互补控制技术

能源互联网是多能源网络的耦合，这表现在能源网络架构之间的相互耦合，同时也包括网络能量流动之间的互补协调、安全控制，具体如图 11-2 所示。在能源供应与输配环节，未来能源互联网通过柔性接入端口、能源路由器、多向能源自动配置技术、能量携带信息技术等，能够显著提高电网的自适应能力，实现多能源网络接入端口的柔性化、智能化，降低网络中多能源交叉流动出现冲突、阻塞的可能性。在系统出现故障时，能够加速网络的快速重构，重新调整能源潮流分布和走向。

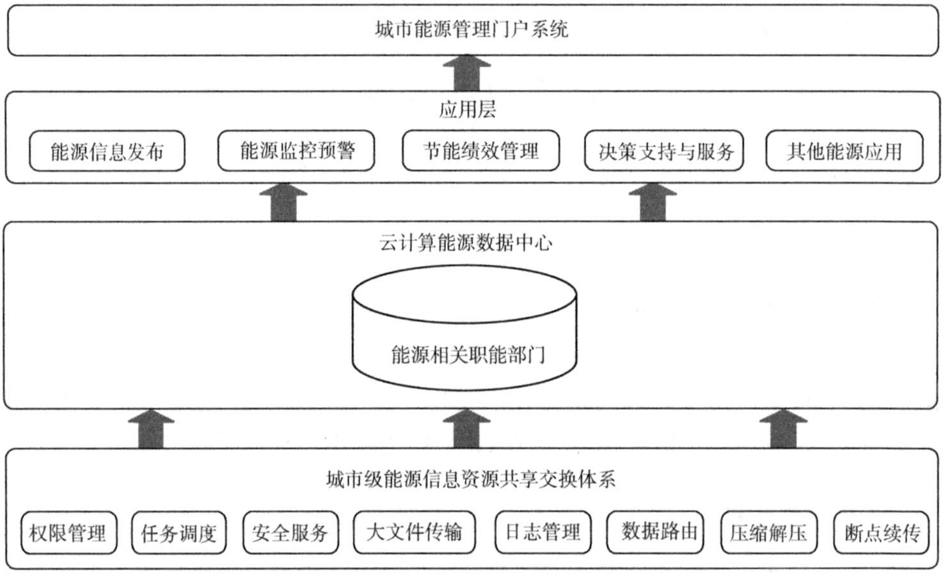

图 11-2　人工智能和大数据下的能源管理优化调度

3. 多能源计量监测及信息交互技术

信息监测技术方面，智能电网的高级量测体系系统是基础，其未来的研发过程要向着智能化、计量能力多元化、信息交互多向化方向发展，通过无线传感器技术、遥测技术等实现能源信息的自动采集、自动分析处理。

信息交互技术方面，未来需重点研发信息交互自动感知技术、通用信息接口技术、数据清洗技术、信息数据压缩技术、数据信息融合技术等，实现用户与用户之间、用户与各个能源互联网模块之间的自由信息交换与动态反馈。

与智能控制终端相互整合。借助能源互联网的普适性接入端口，构建能源互联网多种类能源设备的信息交互平台，借助完善的信息分析处理能力，结合数据挖掘分析结果为用户提供多能协调的综合用能方案，在一定程度上实现对用户用能设备、分布式能源设备的自动控制、自动优化协调。这种以多能源计量检测和信息交互技术为基础的综合用能管理系统将是未来实现用户侧能源利用梯级优化的重要支撑。

在分布式能源、多能互补综合能源系统、光伏/储能分布式发电、冷热电综合供给关键设备、综合能源运营服务等技术领域进一步加强实验和研发能力，着力打造综合能源服务重点实验室。

4. 智能云端大数据分析处理技术

在能源互联网的技术框架下，云端信息处理技术将与大数据技术实现有机结合。在微观层面上，利用互联网营销技术、云存储和云计算技术，一方面，用户可以随时随地、按自身需求定制信息服务，便捷地获取能源资源信息；另一方面，大数据信息处理技术能够在精确分析用户综合用能习惯的基础上，在多个用户之间进行比较分析，为用户提供能源综合利用优化方案，引导用户用能与能源供应相协调。在宏观层面上，云端大数据技术将发挥数据汇总、分析、传输的职能，起到衔接各个技术模块的关键作用。

5. 云端网络交易技术

利用计算机技术、网络技术和远程通信技术，在智能云端实现多用户能源交易过程中的电子化、数字化和网络化。需要解决智能云端网络交易价格撮合或竞价技术、交易交割技术以及交易安全技术等。

6. 区块链技术

区块链旨在通过分散、自治和高效的系统记录设备所有权和运行状态，结合人工智能技术预测能源需求等，可以使得未来的能源消耗变得更加智能，鉴于分布式能源资源（如电池和太阳能电池板）的迅速崛起，能源行业的区块链应用市场会得到快速发展。

11.2　能源互联网工程

11.2.1　多能互补集成优化示范工程

一是多能互补综合能源技术模式。利用能源和信息技术，将能源网、物联网和互联网进行高效集成，融合分布式天然气热电联供和多种可再生能源，形成现代能源体系解决方案。实现多种化石能源、可再生能源、环境势能等的多源输入，同时完成气、电、冷、热等多品位能源的输出。

专栏六

能源巨头公司在区块链技术领域的布局情况

澳大利亚的 Origin Energy 与 Power Ledger 合作测试一个新的能源交易平台。

英国石油公司利用 BTL 公司与意大利能源巨头埃尼集团的基于区块链技术的嵌入式平台 Interbit 进行天然气交易。

日本的东京电力公司对区块链初创公司 Electron 进行了早期投资，希望开发基于区块链的共享电网设施。

2017 年，交易公司摩科瑞（Mercuria）开始与荷兰国际集团（Internationale Nederlanden Group，ING）和法国兴业银行合作，完成了第一次基于区块链的大型石油交易。区块链与石油天然气行业的结合，为简化和改进跨境支付、记录管理、供应链管理和智能合约等潜在应用提供了许多机会。

Trans Active Grid 是在纽约布鲁克林运行的微网项目，其以一种去中心化的方式促进点对点交易，居民可将自家太阳能板产生的过剩电力出售给对面街道的家庭，交易以区块链网络连接，几乎不需要人员参与就可以管理记录交易。

美国公司 Filament 在澳大利亚实施区块链技术和电力网状网络的结合，用点对点物联网来保证电力安全，同时充分利用了现有网状网络闲置的容量。客户可以用手机、平板或计算机直接连接到设备，包含了很多传感器——温度、湿度、光和声音，客户可以用这些传感器长期监测和分析电网状况。他们可以获取相关数据信息，并通过授权将数据通过区块链传输给其他用户——政府、广播员、电线杆制造商、环保部门。

2017 年，国网浙江省电力有限公司积极组建研发团队，与国网信息通信产业集团有限公司共同开发拥有自主知识产权的区块链平台，目前已在国网浙江省电力有限公司电力科学研究院部署测试。

2018 年，招商局慈善基金会携手 TUV NORD、新能源交易所、熊猫绿色能源集团有限公司及华为共同发起基于区块链技术的社区公益项目。当用户选择清洁能源时，区块链技术将生成智能合约，直接配对电站与用户之间的点对点虚拟交易，同时为用户出具权威电子证书。

以综合能源效率最大化、冷热电负荷就地平衡调节、综合能源高可靠供给、供能经济合理具有市场竞争力为主要目标，通过自主投资、能源托管或租赁等多种方式建设冷热电联供系统、光伏发电系统、储能系统、地源热泵/空气源热泵、分散式风电等分布式能源系统，利用冷、热、电联储系统实现热电联供，构建多能互补分布式能源综合供能系统，通过开发多能互补分布式能源综合管控平台，实现多类型分布式能源的协同互补开发，满足区域用户的冷、热、电等多种能源形式的高效、高可靠性综合供给。

基于涵盖配电网、多种分布式能源、用户用能特性和用能需求等实时运行数据的多维信息模型，搭建多元信息交互的综合能源管控与服务平台，集成需求用能智能响应、用能咨询、用能监测、用能培训、个性化供能设计、能效诊断、用户能源托管、能源交易等功能模块，开展冷、热、电、储等多种能源形式的综合交易，从而构建兼顾能源供应商、配售电公司、多元用户、园区管理委员会等多主体合作共赢的多能互补综合能源系统市场化运营模式，具体如图 11-3 所示。

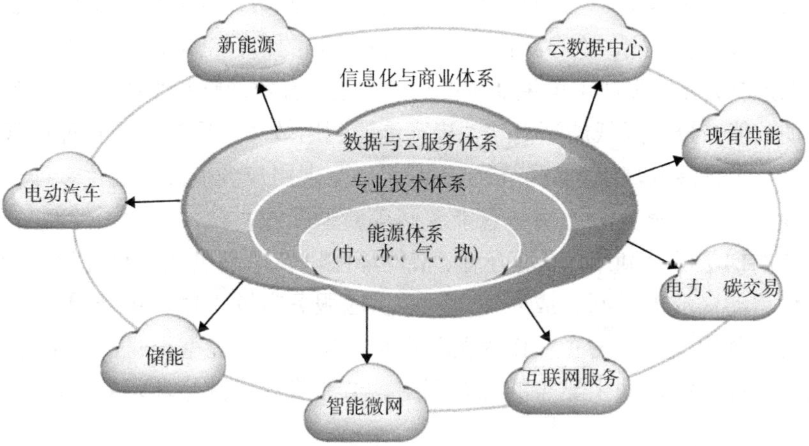

图 11-3 雄安能源互联网云平台理念

二是泛能微电网电力供应新模式。将新区内所有的冷、热、电关联用户及有效的储能设施纳入区域能源网络统一管理之中。区域能源网络连接三大能量网络：燃气、电能以及热能。能量来源以管道燃气、大电网外购电能、泛能站与分布式光伏供电/热能为主，并辅助以储能电站、冷/热储能系统以及电动汽车闲置期间提供的部分电能。

专栏七

全球能源互联网技术标准体系与雄安新区建设任务对应关系

能源互联网建设是一项规模大、复杂程度高的系统工程，其中包括了区域内多能系统的集成优化以及周边区域能源网络的互联整合。周边区域的能源互联涉及复杂的规划、宏观经济发展，其过程将更为复杂，除了能源基础设施互联、信息通信网络互通，还涉及系统运行控制、能源交易、安全管理等方面。现有全球能源互联网四大专业方向、13 个技术领域与雄安规划中七大任务间的对应关系。

综合能源协调管控系统具备多能源运行监测、多源协同优化调控、综合能效管理、多能源态势感知和风险平抑、多能源预警和指标管理等功能，一方面通过能源信息的有效交互，让用户了解当前能源运行状态，提高用户参与度；另一方面基于采集的大量信息，并通过对用户用能行为检测数据的分析，深入挖掘用户用电量与天然气、油、热、冷等其他能源间此消彼长的耦合信息，制订更加有效的多能源协调控制方案，实现可再生能源的有效消纳，有效调整和平衡区域能源供需结构，推动节能减排，降低能源消耗，提高能源利用效率，提升能源管理运营水平。同时，支持多种能源需求侧响应机制的开展，实现用户侧能源的优化管理。

泛能微电网项目充分运用智慧能源网等新型能源科技，发挥天然气与光伏分布式供能的梯级综合利用、多能互补、节能环保以及提高供能可靠性保障的优势，通过建设启动区泛能微网、成立综合能源供应服务市场主体，集合园区内有冷、热、电等多种用能需求的企业作为关联用户，实现产用能就地平衡、多能动态互补和高可靠性供能，产生显著的综合利用、节能降耗、减排环保效益。

11.2.2 智慧能源建设示范工程

1. 智慧供热

未来雄安新区的多热源联网城市管网系统，依靠传统的人工调节调控已无法适应源、网优化调控的要求，要实现“精准供热、按需供热”以及供热系统节能降耗，就必须构建覆盖热源—一次热网—热力站—二次热网—热用户的数据信息系统，建立智慧供热解决方案下的供热智能优化运行系统。基于供热热源、供热管网、热力站、热用户的数据信息采集和远程监控的智慧供热节能技术，将是雄安新区智慧供热的方向，具体如图 11-4 所示。

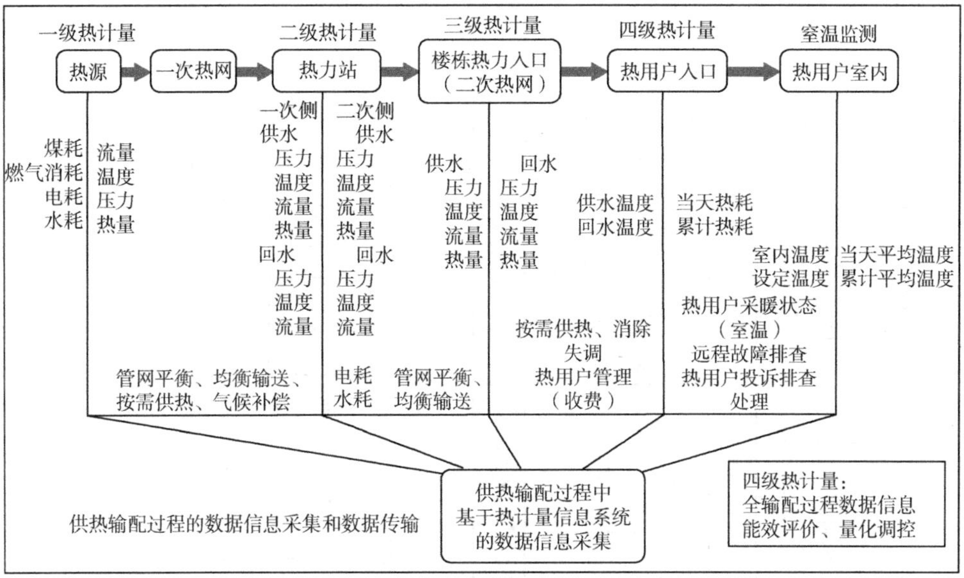

图 11-4　智慧供热节能监控系统架构

智慧热网数据信息系统的建设包括数据信息传感层和感知层，覆盖供热输配系统（热源、一次热网、热力站、二次热网、楼栋、热用户）的数据信息系统。智慧热网的网络层主要包括数据通信公共网络，如专用光纤、宽带（ADSL，即 asymmetric digital subscriber line，非对称数字用户线路）、3G、4G、GPRS（general packet radio service，通用分组无线服务）等。智慧热网的应用层主要是辅助决策分析、智能分析与后台专家系统，“大数据挖掘、一键节能”，如图 11-5 所示。

2. 智慧供气

雄安新区的智慧供气系统要按照云、管、端的系统架构来建设，以此来满足雄安未来需求，具体方案包括终端层、网络层、云平台和燃气应用层，通过物联网、云计算、大数据等技术将各个层面整合统一为有机的整体，支撑智慧供气应用的构建和快速上线，具体如图 11-6 所示。

要保障网络连接的广覆盖、低功耗和稳定安全传输，通过统一的物联网平台提供连接管理、设备管理和应用使能，使燃气企业可聚焦自身的应用开发，提供更好的应用服务给终端用户。同时，提供端到端的安全防御体系，包括终端、网络、平台和应用层的安全，确保即使在遭遇攻击时整个系统仍可持续可靠运行，并且减少对终端功耗的影响。

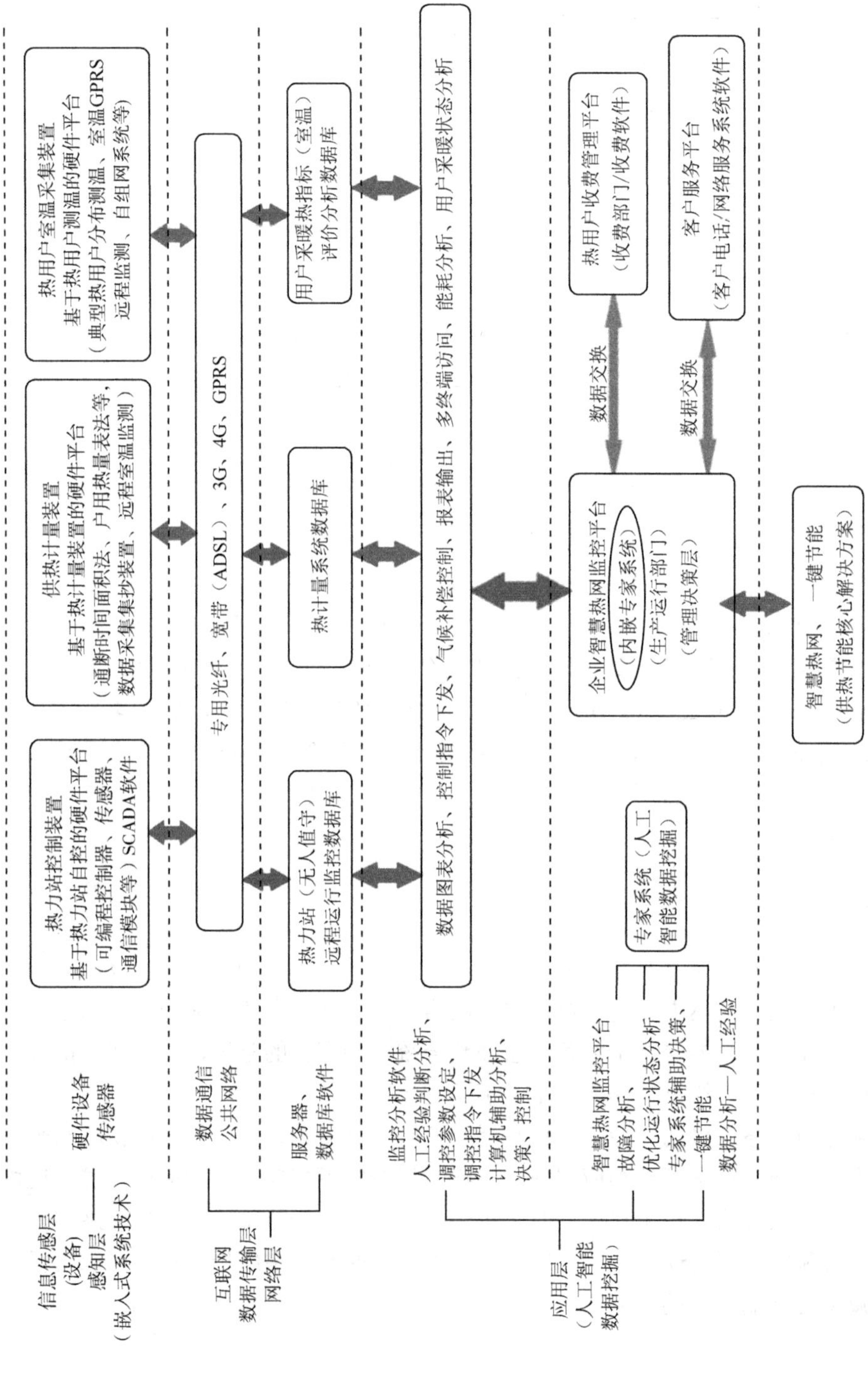

图11-5　智慧热网规划架构

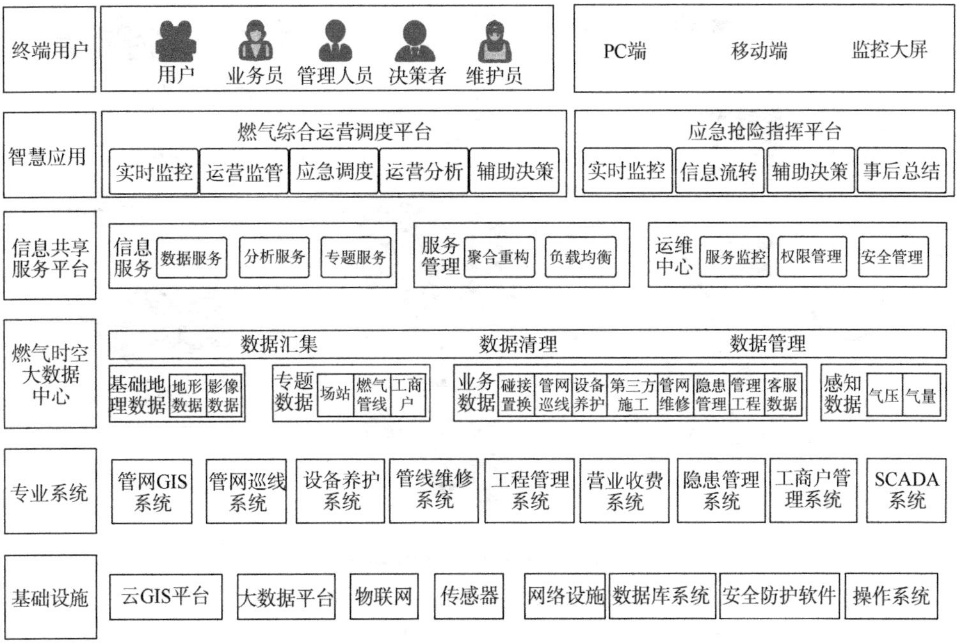

图 11-6　雄安智慧供气总体架构

GIS 即 geographic information system，地理信息系统

雄安新区的智慧供气，要通过数据采集仪、管压、管网调度等在线监测设备、网络，实时感知城市燃气系统的运行状态，并采用可视化的方式有机整合燃气管理部门与燃气设施，形成“城市燃气物联网”；将海量信息进行及时分析与处理，并做出相应的处理结果与辅助决策建议，以更加精细和动态的方式管理燃气系统的整个生产、输配、服务等流程，从而达到“智慧”状态。

3. 智慧供电

雄安的智慧供电是建立在集成的、高速双向通信网络的基础上，通过先进的传感和测量技术、先进的设备技术、先进的控制方法以及先进的决策支持系统技术的应用，实现电网的可靠、安全、经济、高效、环境友好和使用安全的目标，其主要特征包括自愈、激励和包括用户、抵御攻击、提供满足用户需求的电能质量、容许各种不同发电形式的接入、启动电力市场以及资产的优化高效运行，具体如图 11-7 所示。

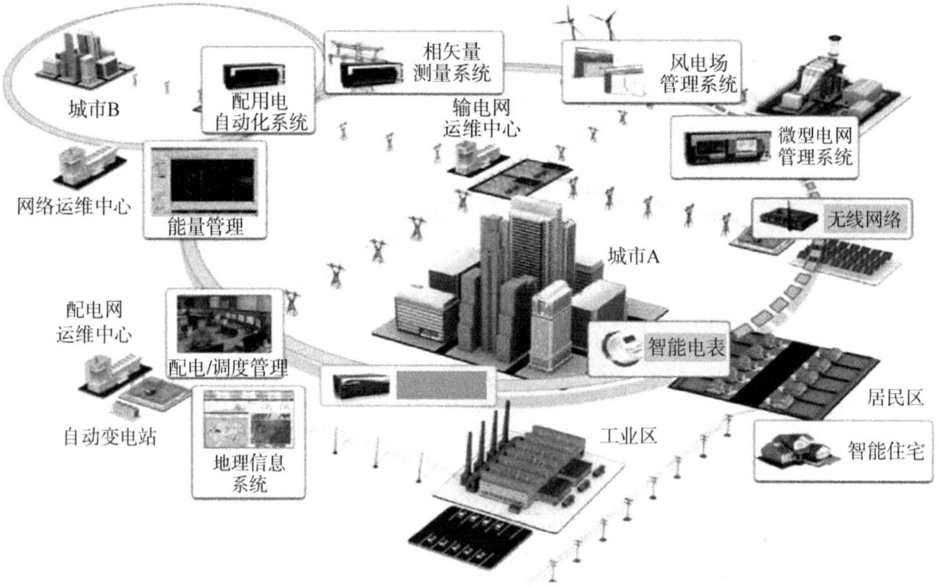

图 11-7 雄安未来智能电网的架构

11.3 绿色智慧交通运输体系建设工程

雄安新区要打造“安全、便捷、高效、绿色、智能”交通体系，实现各种交通方式的顺畅换乘和无缝衔接，实现京津冀交通网络化智能化管理、一体化服务。

11.3.1 建设便捷高效的市内交通体系

规划建设运行高效的城市轨道交通网络，应成为雄安交通体系建设的重要内容。按照网络化、多模式、集约型的原则，以起步区和外围组团为主体布局轨道交通网络，实现起步区与外围组团、城镇的便捷联系，并根据新区建设步骤和人口规模、交通出行需求，有序建设轨道交通。加强规划控制并预留市域、区域轨道交通通道走廊空间；规划中低运量轨道交通系统，衔接大运量轨道交通。

构建功能完备的新区骨干道路网。改造原线位为城市快速路，形成起步区与邻近市县的快速通道，形成全覆盖、网络化布局的骨干道路网络。构建快速公交专用通道，提升公共交通出行效率。因地制宜构建快速高效的公交专用通道，兼顾物流配送；提高公交系统效率，增强安全、便捷和舒适度，实现高品质、智能化的公交和物流配送服务。构建由分拨中心、社区配送中心组成的两级城乡公共物流配送设施体系，形成集约、智能、共享的物流体系。

专栏八

葡萄牙波尔图信息谷规划

葡萄牙计划在波尔图郊外 17 平方千米的土地上建造一座名为信息谷(Plan IT Valley) 的城市，其目标是：这座城市应该生产所需能源的 150%，减少废弃物排放，回收利用大部分的水。通过对传统建筑行业进行新技术、新设计和新工艺的改进，将节省高达 40%的建筑成本；借助于物联网的新兴技术，如供应管理、标签射频识别，使建设速度提高 50%。该系统将由城市传感器网络提供实时数据，并收集、合并和分析数据，以便对城市的不同部分及建设过程的每个进程有更好的了解。同时计划将这些数据无限期存储，为不断优化城市操作系统提供基础数据，并预测未来发展的各种可能。这个城市操作系统能够进行实时反应，例如，反馈供水、供电网络的错误信息，从而消除断电或断水的可能；进行实时交通控制，当发生事故时，该系统可以通过合并不同的数据（如时间、季节或天气）来预测未来几个小时的影响，并提供公共交通工具。

构建内外衔接的绿道网络。布局区域绿道、城市绿道、社区绿道三级网络，由城市绿道串联各综合公园、社区公园，形成城乡一体、区域联动的绿道体系。营造独立舒适的绿道环境，设置适宜骑行、步行的慢行系统，与机动车空间隔离，承载市民健身、休闲、娱乐功能，安排适宜慢行要求的各类设施，以满足群众性文体活动和赛事需求。

11.3.2　规划建设智能交通系统

全方位提升交通智能化水平。软件、硬件、终端和网络建设同步推进，实现道路、运载工具、控制系统全方位的互联互通，构建实时感知、瞬时响应、智能决策的新型智能交通体系，通过交通网、信息网、能源网“三网合一”，实现车车、车路智能协同，提高数字化智能交通基础设施能力和交通管控水平，提供一体化智能交通服务。

积极试行新能源汽车等新型交通运输工具，示范应用共享化智能运载工具，发展需求响应型的定制化公共交通系统，探索建立智能驾驶和智能物流系统。建立数据驱动的智能化协同管控系统，探索智能驾驶运载工具的联网联控，采用交叉口通行权智能分配，保障系统运行安全，提升系统运行效率。

11.4 推广超低能耗建筑

11.4.1 充分释放建筑节能潜力

建立健全雄安建筑节能标准体系，大力发展绿色建筑，推行绿色建筑评价、建材论证与标识制度，提高建筑节能标准，推广超低能耗建筑，提高新建建筑能效水平和节能建筑比例。

加快既有建筑节能和供热计量改造，实施公共建筑能耗限额制度，对重点城市公共建筑及学校、医院等公益性建筑进行节能改造，推广应用绿色建筑材料，大力发展装配式建筑。

严格建筑拆除管理，遏制不合理的“大拆大建”。全面优化建筑终端用能结构，大力推进可再生能源建筑应用，推动农村建筑节能及绿色建筑发展。

11.4.2 推动被动房发展和建设

出台低能耗建筑和被动房相关节能规定，建立一系列配套制度，例如，建立建筑能耗审计制度，规定最大能耗值，形成梯级电价，鼓励节能，惩罚浪费。提高节能标准修订频率，并在执行过程中增强法律的强制性；在法律政策方面，为了促进更多的投资商投资被动房，对达到一定标准的低能耗建筑给予相应的经济激励，以推动低能耗建筑更大范围应用；人员经验方面，加强开展被动房设计和施工指导，系统地组织开展相应的培训；设备部品方面，建议加大建筑节能技术和产品及其应用技术的研发投入，需要开发商或业主、科研设计、施工安装和生产企业等各方面的积极参与，通过产品能效测评标识和技术、产品认证等有效手段规范建筑节能市场；在施工质量方面，建议加强对施工和监理人员的相关技术和管理培训，严格按照相关国家标准验收，应抓紧建筑能效标识的试行，强化节能标准执行的监管手段，增强有效性；在居民生活习惯方面，建议在住宅设计中兼顾通风换气与热量回收系统，将节能和生活习惯综合考虑；在使用维护方面，建议向物业和业主分发专门的管理或使用指导手册，以便被动房的日后使用与维护；在成本控制方面，建议尽可能采用本土的建筑材料和相关产品以有效降低建造成本；在节能宣传方面，应继续加大建筑节能宣传，使房地产开发、设计、施工和监理企业增强社会责任意识。

专栏九

建筑和交通领域的能源高效利用

在汉堡，威廉斯堡城区预计在 2050 年全面实现 100%再生能源。该区着力对现有建筑物进行翻新改造，通过降低供暖需求提高能源利用率。该区还创新性地重新开发废弃空间，将深受诟病的燃料库废墟改造成生态发电厂。该发电站预计年产生 22 500 千瓦时热量，发电量约为 3000 千瓦时，可满足 3000 户居民的供暖需求和 1000 户居民的用电需求。此外，部分垃圾填埋场也被改造成了风力发电厂。

曼彻斯特的热电联产系统将发电和取暖有机整合。通常，发电机产生的热量会被当作废物排出，而在热电联产系统中，这些热量通过热量交换机进行恢复，用作取暖。因此，热电联产系统通过能源的循环利用，有效地降低了 CO_2 的排放和能源的浪费；作为项目的扩展，热电联产利用恢复后的能量驱动空调，实现制冷效果；能量的利用率提高了 80%。

瑞典哈马比的能源高效利用主要表现在再生能源应用上。哈马比将废水、垃圾转化成能源，打造了一套集约的能源使用系统。在废水处理方面，城市社区下拥有一套废水收集管道，管道每隔几个单元设有水净化的中央系统，在处理废水的过程中，部分能量转化为电，这些电直接服务于家用小功率电器，经过处理重新干净的水则成为新的生活用水；垃圾回收方面开发了垃圾回收系统，将生活垃圾用来燃烧发电或是产生出更多的可燃性生物气体，通过处理系统哈马比的垃圾回收率高达 70%，其中家用垃圾转化率更高，能达到 95%。

11.5 节能减排工程

建筑节能技术。推广超低能耗建筑技术以及绿色家居、家电等生活节能技术，发展新型保温材料、反射涂料、高效节能门窗和玻璃、绿色照明、智能家电等技术，鼓励发展近零能耗建筑技术和既有建筑能效提升技术，积极推广太阳能、地热能、空气热能等可再生能源建筑规模化应用技术。

交通运输节能技术。突破新能源汽车核心技术，发展节能汽车技术，完善高铁、新型轨道交通节能关键技术，利用交通大数据，发展城市智能交通管理技术、车联网等交通控制网技术。

利用芦苇、秸秆、厨余垃圾等制取生物质能，实现资源可再生利用。白洋淀内部及周边村镇可利用丰富的芦苇生产生物质能，就近解决部分能源供应需求。确保新区生态系统完整，蓝绿空间占比稳定在 70%。利用好园林垃圾、农业秸秆等可再生资源，能有效解决部分乡镇能源供给。此外，充分利用高温焚烧、水源热泵等方面的技术，实现垃圾、污水等资源的高效利用。

循环再生污水系统。新建雨水系统全部实行雨水、污水分流制，逐步将容城、雄县、安新县城现有合流系统改造为分流制。以区域水环境容量为约束，合理确定污水处理厂污染物排放标准。统筹考虑污水收集处理和再生利用的便捷性、经济性，建设适度分散的设施。在特色小城镇、村庄推广分散式生态化的污水处理技术。规划污水收集处理率和污水资源化再生利用率均达到 99%以上。

全面实施垃圾源头分类减量、分类运输、分类中转、分类处置，建设兼具垃圾分类与再生资源回收功能的交投点、中转站、终端处理设施、生态环境园，最终实现原生垃圾零填埋，生活垃圾无害化处理率达到 100%，城市生活垃圾回收资源利用率达到 45%以上。

充分考虑城市建设的安全性、空间布局的合理性和清洁能源高效利用的科学性，按照先地下后地上的统筹规划理念，建立新区地下三维空间大数据平台，以满足城市地上空间规划建设、地下综合管廊及综合体建设、地下水及清洁能源资源开发利用的需要。同时，还需创建地下勘查与能源资源高效开发利用的数字化综合管理服务云平台。

第 12 章　能源革命推动雄安新区建设的保障措施

12.1　创新规划统筹协调、衔接机制

一是高起点、高标准定位，做好能源发展中长期规划，充分体现能源技术的先进性、能源系统的开放性、能源供应的共济性、能源消费的集约性。二是建立规划目标、内容、实现途径和时间表等方面跨领域统筹的协商决策平台，将雄安新区能源发展规划纳入总体规划以及城乡建设、土地利用等规划，实现能源与城市整体发展的规划同图、建设同步。三是加强雄安 2035 年和 2050 年城市总体规划和相关配套规划研究，着力提高规划目标预测的科学性和准确性，建立完善规划实施跟踪评价和定期评估制度，并定期滚动修订规划。四是充分发挥规划的引导和约束作用，强化指标考核，严格按照规划组织实施项目建设，确保规划有效实施，发挥规划投资指导作用。五是积极进行改革探索，更多地依靠市场力量，在能源产业的各领域、各环节引入各类投资主体，探索建立与国内外市场相连通的绿色能源市场交易中心。六是实施精细化策略，充分地发挥财政、税收、金融等政策对于能源发展的引导和支持作用，支持关键能源技术的研发和运用，以科学合理的消费侧政策引导形成优化的能源供应格局。七是加强城市规划、自然资源、生态环境、科技管理等部门与能源供给部门的规划对接和顶层设计，统筹、协调区域内能源规划、能源基础设施建设等，实现跨部门系统的数字化、信息化和智能化。

12.2　建立雄安新区能源指标体系

能源指标体系包含一级指标和二级指标，如图 12-1 所示。一级指标主要包括四大类指标，分别是：①碳排放强度；②能耗强度；③电能占终端能耗比例；④可再生能源比例。二级指标是对一级指标的扩展。对于碳排放强度，区分为

人均碳排放和单位 GDP 碳排放两类强度量；对于能耗强度，同样按照人均用能和单位 GDP 用能两类强度量进行区分；对于可再生能源比例，区分电力和非电力（热、燃气等）的可再生能源比例。

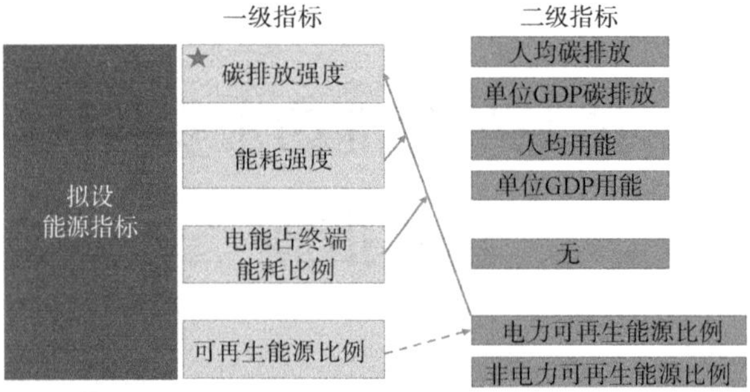

图 12-1　能源指标体系

在该体系中，碳排放强度处于核心位置。碳排放强度受到能耗强度和可再生能源比例的直接影响，同时也受到可再生能源电力比例和电能占终端能耗比例的共同间接影响。通过降低能耗强度、提高可再生能源比例、提高电能占终端能耗比例，同时提高可再生能源电力比例，均可以达到降低碳排放强度的目标。雄安新区能源指标体系如表 12-1 所示。

表 12-1　指标体系汇总

能源指标		单位	近期（2020 年）	中期（2025 年）	远期（2030 年）
碳排放强度	人均碳排放[1]（类消费领域）	吨二氧化碳/（人·年）	≤3.2	≤2.7	≤2.2
	单位 GDP 碳排放（物质生产领域）	吨二氧化碳/万美元	≤1.61	≤1.39	≤1.20
能耗强度	人均用能（类消费领域）	吨标准煤/（人·年）	≤2.5	≤2.3	≤2.0
	单位 GDP 用能（物质生产领域）	吨标准煤/万美元	结合具体产业规划确定		
电能占终端能耗比例		%	≥30	≥33	≥40
可再生能源比例[2]		%	≥30	≥40	≥50
电力可再生能源比例[3]		%	≥35	≥40	≥50
非电力可再生能源比例[4]		%	≥40	≥50	≥60

1）不考虑碳汇减碳作用，实际上远期碳汇可以减少 10%以上的碳排放，即考虑碳汇后人均碳排放预计在 2.0 吨以下；2）广义概念，包括余热等非化石能源，且外来电力中有 26%为可再生电力；3）外来电力中 26%为可再生电力，74%为火电；4）非电力可再生能源为广义概念，包括余热等非化石能源

12.3　完善能源统计体系

建立科学、完整、统一的能源统计数据和指标体系是开展能源经济研究的基础，是客观真实评价能源发展趋势的保证，我国应着力研究建立符合我国发展实际的，具有专业性、权威性、国际性和可操作性的能源统计指标体系。具体而言，包括以下几个方面。

一是要完善能源生产统计分类和能源品种统计范围，尤其是建立健全风电、太阳能等新兴清洁能源开发利用的统计指标体系；二是进一步完善能源消费统计指标体系，包括扩大能耗指标和产品单耗指标的统计范围，细化人均能源消费统计指标等；三是积极开展与国际权威能源统计机构的交流合作，加强国内外能源统计指标体系的对比分析研究，并结合我国实际进行创新和应用。

建立和完善政府能源管理绩效评估的法律保障。以法律的形式将政府能源管理绩效评估的内容、评估形式、评估范围以及具体环节加以规定，真正做到政府绩效能源管理评估有法可依。

建立科学的政府能源管理的绩效评估指标体系。用一个可衡量的科学标准来规范地方政府的能源管理绩效目标、适用对象、绩效计划、绩效评估、绩效信息、绩效结果及法律责任等。

探索内部评估与外部评估结合的政府能源管理评价模式。将第三方主体、研究机构、大众媒体等社会评估力量纳入到政府能源管理的评估执行主体，形成规范化、制度化的轨道，改变绩效评估主体单一化的现象，实现政府能源管理评估的准确性和公正性。

优化政府能源目标管理的考核体系和责任追究制度。充分考虑能源管理的特殊性，结合现行政府政绩考核体系，建立适应控制能源消费总量，推动能源消费革命的能源管理考核体系；对未能实现能源管理目标的各级政府部门负责人，实行严格的责任追究制度。

12.4　创新能源财政税收金融激励政策

一是加强财政政策作用。将新区的生物质能、氢能、加氢站、充电站、储能等纳入补贴范围，促进新能源产业的全面发展；加大财政对地热能、氢能、储能、绿色建筑节能等先进能源技术的政策支持，重点对地热能综合利用中的地热尾水回灌、发电等关键技术的研发，给予专门财政资金支持；创新能源补贴模式，依托大数据、云计算等先进技术和龙头企业的云平台，根据消费情况确定补贴额或补贴率，并直接补贴给终端消费者。

二是创新能源税收政策。在雄安新区从高确定水资源税税额标准，但对以“取热不耗水”方式（封闭管道同层回灌）开采中深层地热能资源的企业的水资源税先征后退；进一步落实放管服改革，取得地热能资源矿业权证并经能源主管部门审核合格的“取热不耗水”企业，免予办理取水许可证；在雄安试点征收碳税，从高确定税额水平，促进不同能源产品间的税负公平、减少温室气体排放等。

三是运用多种金融财政扶持手段。建立绿色信贷和绿色债券扶持机制。加强对新能源产业优惠贷款和债券扶持，对新能源研发、投资提供优惠贷款，形成集投资补贴、税收优惠、贷款优惠和债券于一体的政策“组合拳”。

12.5 制定雄安新区未来城市能源标准体系

国际上区域能源相关标准发展得很快，尤其是像 IEC（International Electro technical Commission，国际电工委员会）、IEEE（Institute of Electrical and Electronics Engineers，电气与电子工程师协会）这样的国际化组织，在分布式能源方面制定了一批国际标准，另外欧盟、美国、日本等国家和地区也制定了一些标准，目前标准主要集中在系统整体要求、设计操作、并网标准等相关方面。

作为未来城市发展的样板，雄安新区需要梳理标准的研究框架，包括区域能源的基础共性、规划、设计、工程施工、技术产品、运行、分析评估等标准子体系，打造一个闭环的能源标准体系。区域能源中的分布式系统、余热余能利用、区域能源互联网是雄安新区标准制定的重点领域，需要形成的标准有“分布式冷热电联供系统技术条件”“工业余能资源评价方法”“分布式冷热电联供系统设计导则”“工业余热梯级综合利用导则”“工业低品位余热集中供热系统技术导则”“低温地能利用通用技术规范”“泛能网术语”“泛能网协同控制总体功能过程要求”。

雄安新区要加快区域能源国家标准的研究，基于相关示范应用的效果和反馈，完善提升标准，据此向相关主管部门提出区域能源标准化工作的建议，并将积极参加国际标准化活动，通过如国际标准化组织能源管理与能源节约技术委员会（ISO/TC 301）等技术平台，立足我国已有国际标准化基础，以及相关项目研究基础和我国区域能源标准化研究成果，积极推进、参与区域能源相关国际标准的研发应用。配合国家建立泛能网标准体系，基于综合能源全生命周期标准化，形成设施接入及微网互联、数据接口与传输、物联网平台及服务三层次的统一标准，推动生态体系扩展。

12.6　能源革命社会机制建设

在雄安大学规划建设能源科学与工程专业，在其医学健康专业中加强能源职业病防治和康复领域研究，创新办学模式，加快引进国内外相关学科专家团队，把该学科建设成为国际领先的能源基础科学研究基地。

支持能源领域“双一流”高校在新区办学，以新机制、新模式努力建设世界一流的能源专业。构建高水平、开放式、国际化的能源高等教育聚集高地和国际高端能源职业教育基地。

建设全球能源职业病研究防治康复中心。高标准配置医疗卫生资源。引进京津及国内外优质医疗资源，建设集临床服务、医疗教育、医学科研和成果转化为一体的医疗综合体。

建设能源科普基地。推动能源革命进课堂、进社区，建立完备的能源公共文化服务体系。围绕建设多层次公共文化服务设施，在数字网络环境下，高标准布局建设能源博物馆、图书馆、美术馆、剧院等。

参 考 文 献

陈艳芬. 2006. 平谷区生态经济发展战略研究[D]. 长沙：湖南农业大学.
崔晶. 2013. 生态治理中的地方政府协作：自京津冀都市圈观察[J]. 改革，（9）：138-144.
丁瑶瑶. 2019. 北京大气污染防治步入精细化管理阶段 治霾之路还要走多远?[J]. 环境经济，（1）：30-33.
董宪军. 2002. 生态城市论[M]. 北京：中国社会科学出版社.
丰家卫，胡丰. 2019-09-27. 滨海—中关村科技园新增 280 余家京企[N]. 北京日报，（14）.
葛竞天. 2009. 论生态城市建设[M]. 大连：东北财经大学出版社.
韩兆柱. 2018. 京津冀生态治理的府际合作路径研究——以网络化治理为视角[J]. 人民论坛·学术前沿，（18）：75-85.
李惠茹，杨丽慧. 2016. 京津冀生态环境协同保护：进展、效果与对策[J]. 河北大学学报（哲学社会科学版），41（1）：66-71.
李璐萍. 2016. 天津市能源消费与经济增长的关系研究[D]. 天津：天津财经大学.
李如意. 2019-08-23. 雄安新区新成立 3069 家企业，北京高精尖扎堆[N]. 北京日报，（10）.
李铁. 2014. 京津冀协调发展问题研究[J]. 中国市场，（32）：21-26.
蔺丰奇，吴卓然. 2017. 京津冀生态环境治理：从“碎片化”到整体性[J]. 河北经贸大学学报，38（3）：96-103.
罗国亮，王明明. 2015. 京津冀协同发展中农村能源清洁利用问题[J]. 中国能源，37（7）：43-44.
任荣荣. 2006. 生态与经济紧密结合的精细林业探讨——以北京市为案例[J]. 林业经济，（9）：36-39.
史丹. 2016. 论三次能源革命的共性与特性[J]. 价格理论与实践，（1）：30-34.
陶佩君，姜雪梅，柴江，等. 2011. 河北太行山区生态经济建设的科技理论创新分析[J]. 生态经济，（6）：107-111.
王栋，侯秀芳. 2013. 论产业结构生态化的路径选择——以河北沿海经济隆起带为例[J]. 商业时代，（31）：120-121.
王宏斌. 2015. 制度创新视角下京津冀生态环境协同治理[J]. 河北学刊，35（5）：125-129.
王会芝. 2019. 天津环境经济走势预测与对策研究[J]. 城市，（1）：13-20.
王磊. 2007. 基于循环经济理论的北京生态城市建设研究[D]. 北京：首都经济贸易大学.
王文录. 2018. 构建河北坝上生态经济新高地[J]. 经济论坛，（10）：5-10，153.
魏丽华. 2018. 京津冀产业协同发展问题研究[D]. 北京：中共中央党校.
杨森，许平祥，白兰. 2019. 京津冀生态化路径的差异化与协同效应研究——基于 STIRPAT 模型行业动态面板数据的 GMM 分析[J]. 工业技术经济，38（12）：84-92.

杨忠娜，陈曦，王贵彦，等. 2009. 太行山区的资源优势与区域性脱贫的科学技术对策[J]. 农业现代化研究，30（5）：570-574.
余茹，成金华. 2019. 基于 AHP-Fuzzy 模型的京津冀生态文明评价：13 个城市的面板数据研究[J]. 地域研究与开发，38（6）：11-15.
禹泽熙，范晓莉，张秋晨，等. 2019. 我国滨海城市经济建设与生态保护协同发展研究——以天津滨海新区为例[J]. 环渤海经济瞭望，（6）：70-72.
翟林. 2015. 京津冀协同发展产业用地布局及土地利用问题研究[D]. 北京：中国地质大学（北京）.
张栋才. 2017. 区域能源效率的空间关联及分异研究[D]. 杭州：浙江工商大学.
朱彤，王蕾. 2016. 国家能源转型：德、美实践与中国选择[M]. 杭州：浙江大学出版社.